The Mystery of the Coniunctio
Alchemical Image of Individuation

ユング心理学と錬金術

個性化の錬金術的イメージを探る

Edward F. Edinger
エドワード・エディンジャー
岸本寛史＋山愛美 訳

青土社

ユング心理学と錬金術

目次

ユング心理学と錬金術——個性化の錬金術的イメージを探る

C.G. ユング、85 歳、書斎にて
(写真提供：オタワのカーシュ*)
＊本名はユーサフ・カーシュ。トルコ生まれ、カナダの写真家。多くの著名人のポートレート写真を撮影したことで有名。

1　ユングの『結合の神秘』へのイントロダクション

今晩は、ユングの最後の著作、『結合の神秘』についてお話ししようと思います。これはユング全集第一四巻として出版された著作です。

この無比の著作は、私たち凡人には極めて難しい本です。その理由は、この本が、同時代人に向けてではなく、何世代も先を見据えて書かれた本だからだと思います。途方もない心的体験に基づいて、比肩し得る者のない視野の広さから書かれた本です。しかしながら、『結合の神秘』を理解しようと真剣に努力しなければ、ユングの残した遺産を正しく理解することはできない、と強く感じます。私はその努力をしてきましたし、今も続けています。そして、今晩お話ししようと思っていることが、皆さんの視野を広げ、同じような努力をするための励みになれば幸いです。

『結合の神秘』の副題は、「錬金術における心的対立物の分離と統合を探求すること」です。なぜ錬金術なのか、と尋ねる人もいるでしょう。現代人の心にそれがどんな重要性を持つのか、と。その答えは、錬金術が無意識的な心の深みを独特の仕方で垣間見せてくれて、しかも、他の象徴体系で同じように見せてくれるものはないからです。ユングが『哲学の木』の中でこう述べています。

> ［私たちは］人間の歴史を遡り、象徴の形成が妨げられることなく進んでいた時代に戻らねばならない。形成されたイメージに認識論的な批判がなされることがまだない時代、その結果、それ自体知られていなかった事実が目に見える形ではっきりと表現され得た時代に戻らねばならない。この種の時代で現代に最も近いのは中世自然哲学の時代であり、それは…錬金術とヘルメス哲学においてもっとも意義深い展開を遂げた。[1]

錬金術師に火をつけたのは近代的な探求精神ですが、物質の本性《ネイチャー》の探求者としての錬金術師はまだ、半分眠ったような状態でした。それらの新しく開かれた視界に入るものに熱心に取り組みながら、彼らは自分のファンタジーや夢を物質に投影しました。要するに、錬金術師たちは集団で広大な夢を見ていた、そして化学的な作業法や素材はその夢のイメージや主題として使われたのです。錬金術はそのような集合的な夢だといえます。錬金術が私たちにとってきわめて重要なのは、私たちの祖先が見た夢だからです。錬金術師は西洋の心に根をおろしています。それを私たちは受け継ぎました。だから、彼らのイメージ群、彼らのファンタジー、彼らの夢は、私たちのファンタジーであり私たちの夢なのです。

そのことをユングは、錬金術に関する主要な著作の中で見事に示しています。もし私たちが真剣に錬金術のイメージに関心を向けるなら、夢の中に現れてくるのと同じ素材を見出すことができることをユングは示しています。錬金術に一考の価値があるのはそのためです。その主題に入っていく前に、皆さんに一つお話をしたいと思います。ユングが語った話です。それは次のような話でした。

私はことあるごとに、ある朝受け取った手紙のことを思い出します。ある女性から受け取った一枚の貧弱な紙の切れ端に、一生に一度だけでいいのでお会いしたいです、と書かれていました。その手紙は私に強烈な印象を残したのですが、なぜかはわかりませんでした。私は彼女を招き、彼女はやってきました。彼女はとても貧しい女性で、知的とはとてもいえませんでした。小学校も出ていないように思えました。彼女は兄弟のために家事をしていて、兄弟と一緒に新聞や雑誌を売る小さな売店をやっているとのことでした。私は彼女に、私の本を読んで下さっているとのことですが、本当に理解しておられるのですか、とやさしく尋ねてみました。彼女の答えは並外れたものでした。「教授、先生の本は本ではありません。それはパンです」[2]。

1　*Alchemical Studies*, CW 13, par. 353.〔『哲学の木』老松克博訳、創元社、二〇〇九年、p.88〕〔CW は本書では『C.G. ユング著作集』を指す〕

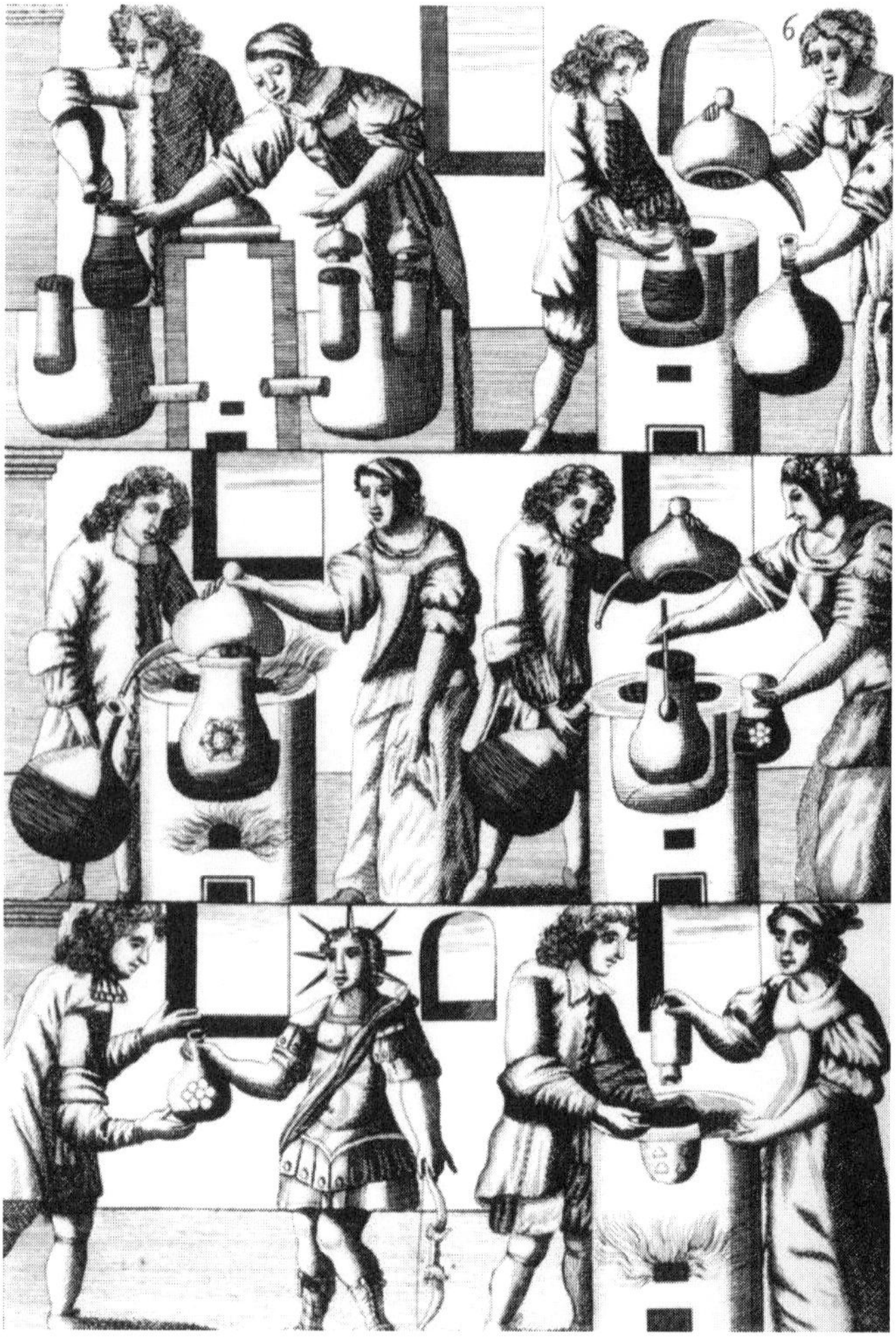

様々な工程で作業する錬金術師たち
(『沈黙の書』,1702)

敬虔なユダヤ教徒にとって、トーラーはパンです。キリスト信者にとって、福音書はパンです。信心深いイスラム教徒にとって、コーランはパンです。どうしてでしょうか。これらの聖典はすべて、それぞれが、自身の宗教と文化的文脈における元型の宝庫だからです。『結合の神秘』はこれと全く同じ仲間に属するものです。この本も元型の宝庫でありパンなのです。元型的な心が自らのことをパンとしてどのように記述しているか、いくつかの例を挙げてみましょう。

申命記にはこうあります。「〔彼は〕マナを食べさせて下さった、…人はパンだけで生きるのではない、主の口から発せられる一語一語によって生きているのだ、ということを知らせるためであった[3]」。

箴言では、神の知恵がこう言います。「さあ、私のパンを食べなさい[4]」。シラの書（集会の書）では、知恵についてこう言われています。「知恵は理解というパンを食べ物として与えてくれるでしょう[5]」。

2　C.G. *Jung Speaking: Interviews and Encounters*, p. 416.
3　Deut. 8: 3, Authorized Version.〔聖書の訳は本書の原著から直接訳したが『聖書　新共同訳』（日本聖書協会、一九八七年）を適宜参照した。以下同様〕
4　Prov. 9: 5, Authorized Version.
5　Ecclesiasticus 15: 3, Jerusalem Bible.

キリストは自分のことをこう言います。「私は天から降って来た生きたパンである。このパンを食べるものは、永遠の生を授かるだろう」[6]。

コーランは、信じる者のためにアッラーを介して天から送られた食べ物が広げられたテーブルについて述べています。[7]

錬金術師の哲学者の石は、不死の食物cibus immortalisと呼ばれています。[8]

『結合の神秘』もこれと同じ範疇に属するものです。それは心にとってのパンなのです。このことは、無意識との生きたつながりを持ち、この本に関連するイメージの手がかりを得ようとする人なら誰でも分かると思います。それらのイメージは心とつながるための食物となり、それを理解する糧となります。もう一つ別の言い方をするなら、『結合の神秘』は心の聖書である、とも言えるでしょう。この本を最初から最後まで順番に読まない人もいると思います。特定のイメージの理解と拡充のためにこの本を開く人もいるでしょう。皆さんには、この本を一字一句読み、一文ずつ、それぞれのイメージを味わってもらいたいです。

この本は次のようにも説明できます。この本は、言うなれば、心の解剖学の本です。この対比はとりわけ明るい光を当ててくれるものなので、もう少し詳しく述べたいと思います。これを説明するために、まず、『結合の神秘』の冒頭の部分を読んでみましょう。

結合において結びつく諸要素は対立物とみなされるが、それらが互いに敵意を持って対峙していることもあれば、愛情を持って惹き合っていることもある。まず最初に、二元論的対立が形成される。たとえば次のような対立物がそうである。湿／乾、冷／温、上なるもの／下なるもの、霊―魂／身体、天／地、火／水、明／暗、能動／受動、気体／固体、高価／安価、善／悪、顕／秘、東洋／西洋、生けるもの／死せるもの、男性／女性、太陽（ソル）／月（ルナ）。分極化はしばしば、四要素一組として、すなわち、互いに交差する二対の対立物としても現れる。たとえば、四元素、四性質（湿、乾、冷、温）、四方位、四季など。こうして作り出される十字架は、四元素の紋章となり、月下界〔地上を含む月と地球の間〕の象徴となる。[9]

これを、ある解剖学の教科書の次の一節と比べてみてください。

頭頂部に見られる頭蓋骨の縫合には以下のものがある。前頭縫合は、眉間の直上の前頭骨にあ

6 John 6: 51, Authorized Version.

7 Koran, Sura V, 112.

8 たとえば以下を参照。*Mysterium*, par. 525.〔『結合の神秘Ⅱ』池田紘一訳、人文書院、二〇〇〇年、pp.149-50〕

9 ラテン語の用語を省略し、要約している。

るわずかな正中裂溝にすぎない。矢状縫合は二つの頭頂骨の間に位置している。一つのあるいは一対の頭頂孔が、矢状縫合のすぐ近くにあり、そのすぐ後ろの場所（λ）でラムダ縫合が接合する。冠状縫合は前方にある一つの前頭骨と後方にある二つの頭頂骨の間に存在する。ラムダ縫合は前方にある頭頂骨と後方にある後頭骨とが出会う場所で形成される。[10]

私が言いたいのは、すでに頭蓋骨の解剖の知識を持っているか、手元に頭蓋骨を持って自分の目で調べながらそれぞれの記述を確認するのでなければ、皆さんがこれらの記述についてこれるとは思えない、ということです。

ご存知のように、身体の解剖学では、実際に解剖を行うことが必須であり、それによって自分自身で現実の解剖学的な事実を目撃することができるのです。同じことが『結合の神秘』の理解にも当てはまります。ユングが語っていることを本当に知るためには、心についての何らかの体験を実際に経験する必要があります。対立物、四元素、赤い男、白い女などについて読んでいても、解剖学を知らない人にとっての冠状縫合とか矢状縫合と同じような意味しか成さないのです。

ですから、ユングのことを十分に理解するためには、心の解剖室に行かねばなりません。それはもちろん個人分析のことです。しかしたとえ個人分析の体験がなくても、これから私がお話しすることを聞いていただけば、『結合の神秘』の豊かな内容について何らかの考えを得られるようにしてみたいと思います。

最初のパラグラフに戻って、冒頭の一文を取り上げてみましょう。次の通りです。

> 結合において結びつく諸要素は対立物とみなされるが、それらが互いに敵意を持って対峙していることもあれば、愛情を持って惹き合っていることもある。

この文章は、この本全体がどんな本であるかを語っています。この本は対立物についての本なのです。敵意についての本、愛または欲望についての本です。これが今晩お話しようと思っていることです。ユングはこれらの事柄を、主として、無意識から生じてきた象徴的なイメージを通して語りました。でも私は、主として、個人的で意識的な体験の立場から語ろうと思います。

対立物は、心の最も基本的な解剖学を構成するものです。リビドーの流れ、心的エネルギーの流れは、対立物の分極化によって生じます。これは電気が電気回路のプラス極とマイナス極との間に流れるのと全く同じです。だから、好きなものに惹きつけられ、嫌いなものに反発する時はいつでも、対立物のドラマに捕えられているのです。対立物はまさに心の発電機といえます。対立物は

---

10 *Morris' Human Anatomy*, p. 104.

モーターで、心を生き生きとさせるものです。

とはいえ、物事に惹かれたり反発したりという体験だけでは、意識を構成するとはいえません。意識が生じるためには、対立物を同時に体験し、その体験を受け入れる必要があるのです。受け入れの程度が増すほど、意識も大きくなります。

文化の歴史を遡ってみることも興味深いことです。というのも、対立物の事実が記録の中に登場するのがいつであるか、ほぼ正確に同定できるからです。対立物は、ソクラテス以前の哲学者であるピタゴラス学派によって発見されました。彼らがそれを厳密な意味で発見したかどうかは分かりませんが、彼らは対立物を重要な実体として確立し、彼らが基本的と考える一〇対の対立物の一覧表を作りました。

ピタゴラス学派の一〇の対立物のリストを以下に示します。これは、西洋の意識の発達がまさに始まった時の道標とも言えるものです。初期の哲学者たちにとって突出して目についた一〇のペアとは次のものでした。制限された／制限のない、奇数／偶数、一／多、右／左、男性／女性、静止している／動いている、まっすぐな／曲がった、明るい／暗い、善／悪、正方形／長方形。

対立物の発見の重要性はどれほど強調しても足りないほどだと思います。そして、ちょうど数の発見と同じように、対立物が最初に発見された当時は、その周りにヌミノース性のオーラがありました。それらは無意識から立ち現れてきて、その異界に由来するヌミノースの雲をなびかせていました。これは数の初期の発見にも言えることで、同じことは対立物の発見にもあてはまります。人間の意識的な自我が存在するための空間を作り出すために、世界はばらばらに裂かれ、対立物も分離させられねばなりません。これが非常に美しく表現されているのが古代エジプトの神話です。神話が語るところによると、天の女神ヌートと地の男神ゲブとは、最初は合一した状態、永遠の同棲状態にありました。ところが、シューがその間に入り、男神と女神とを押し分けた。天を地から分かち、世界が存在することのできる、ある種の空隙を作り出したのです[11]。

このイメージは、幼い自我が発生する時に生じることと非常によく似ています。幼い自我は、自分に対抗してくるものを押し離し、自分が存在するための場所を作ります。自分のことを、環境とは異なるものとして明確にしなければなりません。

幼い自我は自らをなんらかの明確なものとして確立することを余儀なくされるので、「私はこれである、それではない」と言わねばなりません。「…ではない」と言えることは、自我の発達初期の決定的な特徴です。しかし、この初期の作業の結果、影が創り出されます。私はこれではない、と宣言したものすべてが、影になります。そして遅かれ早かれ心的な発達が生じてくる時には、そ

11　以下を参照。Edinger, *Anatomy of the Psyche*, pp. 185ff.〔『心の解剖学』岸本寛史・山愛美訳、新曜社、二〇〇四年、pp.220-223〕

天と地の分離。ゲブの上にヌートを持ち上げるシュー[12]

の切り離された影は、内的な現実として、もう一度向き合わねばならないものとなります。その時に直面するのが対立物の問題で、これは前に切り捨てられたものなのです。

もっとも重大で恐ろしい対立物は何かと聞かれたら、私なら善と悪のペアだと答えます。自我が生き残ることはまさに、自我がこの問題とどのように関わっているかに拠ります。生き残るためには、自我が、悪というよりもむしろ、善いものとして体験されることが絶対的に不可欠で本質的なことです。重心は、秤にかけるなら、悪の側よりもむしろ、善の側に置かれるべきでしょう。こうして、当然ながら影が生まれてくるわけですが、若い自我が自分自身の悪の体験を受け入れるためには、堕落して意気消沈した状態に陥ることを避けて通ることはできません。もう一つの普遍的な現象、つまり悪を位置づけるというプロセスもこうして説明されます。悪は位置づけられねばならないし、悪はどこか特定の場所にあるものとして固定され確立されねばならない。何か悪いことが起これればいつも、非難や責任はともかくできる限りそこに確定されねばなりません。自由に動き回る悪を持つというのは危険極まりないことです。誰かが個人的な悪の担い手とならねばなりません。[13]

自我が成熟するにつれ、状況は徐々に変化し、個人が、悪の担い手であるという課題を引き受けることができるようになります。そうなると、悪をどこか他のところに位置づけることはそれほど重要ではなくなります。自分の悪を認めることができるようになると、自分が対立物の担い手となり、そうするうちに結合が生み出されることになるのです。

対立物を認識する初期は、振り子の段階とでもいえるような状況にあります。この段階では、人は二つの異なる気分の間で振り回されます。一方には罪深い劣等感の気分があり、振り子が振れると、楽観主義的な上昇気分となります。これら二つの間を行きつ戻りつして、次々と光と闇とに出

12 A. Jeremias, *Das Alte Testament im Lichte des Alten Orients* (Leipzig, 1904). Turin, Egyptian Museum. のイラストを元に描かれたもの。Erich Neumann, *The Origins and History of Consciousness.*〔『意識の起源史（改訂新装版）』林道義訳、紀伊國屋書店、二〇〇六年、p.156〕に再録。

13 以下を参照。Sylvia Brinton Perera, *The Scapegoat Complex: Toward a Mythology of Shadow and Guilt.*

会うことになります。
ユングはこの現象について、『結合の神秘』のパラグラフ二〇六で注目すべき発言をしています。それに耳を傾けてみましょう。

継起的事象（one-after-another）は、より深い同時的事象（side-by-side）の認識に至る堪えやすい前段階であって、というのも、同時的現象は、継起的事象に比べて比較にならないほど困難な問題だからである。さらに、善と悪とは私たちの外にある霊的な力であり、人間は両者の戦いに巻き込まれているという観点の方が、〔善悪という〕対立物の両方があらゆる心的生命の根絶し難い不可欠の前提条件であり、それゆえに生命そのものが罪深いという洞察よりも、はるかに受け容れやすい。

この言葉から、対立物の問題を真剣に考えることがどれほど大変な問題であるか、伝わってくるでしょう。対立物を理解することは心の鍵であるといっても言い過ぎではないと私は思います――しかしそれは危険な鍵で、というのも、心の根本原理に関わる装置を扱うことになるからです。もしその装置がばらばらになってしまうと、再び元に戻せないかもしれない。にもかかわらず、個性化への衝動によって、人はこの危険な事業に乗り出すことになるのです。もしそれが成功すれば、意識が増す可能性も開けます。
一度そのことを考え始めると、そして、一度対立物という現象に慣れ親しむようになると、それが至るところに見えてくるでしょう。この基本的なドラマこそ、集合的な心の中で進行しているものです。戦争も、集団間の競争も、政党間の論争も、競技もすべて、結合のエネルギーの表現です。戦闘中の対立物のペアの一方に同一化してしまう時は常に、しばらくの間であっても、対立物の担い手である可能性を失ってしまいます。そしてその代わりに、運命を挽き出す神の石臼の一つとなります。そのような時には、敵は依然として外に位置づけられ、そうすることで、単なる一つの粒子になるのです。エマーソンが言うとおりです。

一個でないこと、一つの人格とみなされないこと、それぞれがこの世に生を受けて実らせるべき果実を生み出さないことは、この世の大きな不名誉ではないだろうか。そして、大勢の中に埋もれ、数百数千の仲間や党派に埋もれているとみなされ、一人ひとりの意見が地理的に北とか南といったレッテルを貼られるのは最も不名誉なことではないだろうか。[14]

14 The American Scholar," in *Selected Writings of Ralph Waldo Emerson*, p. 63.

ユングは同じことを違う言葉で語っています。

主体的意識が集合的意識の理念や意見を好み、それらと同一化してしまうと、集合的無意識の内容は抑圧される。…そして、集合的意識が強く圧し掛かるほど、自我はその実際的な重要性を失う。いわば、集合的意識の意見と傾向とに飲み込まれてしまうようなもので、その結果、大衆的な人間となり、哀れな何々「主義」の犠牲者になりかねない。自我がその統合性を保てるのはそれが対立物の一方に同一化しないときだけ、それらのバランスを保つやり方を心得ているときだけである。これが可能となるのは、両方を同時に意識したまま保てるときだけである。[15]

スポーツと競技の心理学について少し触れておきたいと思います。というのも、それが私たちのテーマと深く関連していると思うからです。何年も前に、テレビでサッカーの試合をたくさん見ている自分に気がついて、こう思いました。「どうしてこんなことをしているのだろうか」と。私は一種の魅力、集合的意識の魅力に取り付かれていたのですね。私は、今しがた読み上げた一節でユングが語っている「大衆的な人間」でした。そしてそれについて考えるうちに、完全にはっきりしてきたことは、それほどたくさんの人々が週末に見ているスポーツの試合で進行しているのは、ある種の卑俗化した聖なる儀式だということでした。

笑わないで下さい。まさにその通りなのですから。競技はもともと聖なるもの、神に捧げられたもので、元型的なドラマを演じたものはすべて聖なるものでした。スポーツの試合も、まさに結合のドラマを演じるものです。競技者が戦うのはそれぞれが勝利を得、敗北を避けるためです。それでも、勝つものがいれば負けるものもいる。しかし競技という器の中では、対立物は一つになります。そして多くの試合の中で、プレイヤーたちは勝利と敗北の両方を同化することを学び、そうして内的な結合が促されるのです。

心理学的には、常に勝者であることがよくないのははっきりしていて、それは対立物を十全に体験できないからです。そのため表面的なところに留まってしまいます。敗北は無意識への通路です。深みのある人物は皆敗北を知っています。それは対立物の体験の必要な一部分なのです。

ミケランジェロは、あるソネットの中で、同郷の人物、ダンテに深い敬意を表しています。彼はダンテに関してこう語っています。

彼は失敗だけが残っている場所を

15 *The Structure and Dynamics of the Psyche*, CW 8, par. 425.〔『元型論（増補改訂版）』林道義訳、紀伊國屋書店、一九九九年、p.352〕

掘り下げることを恐れなかった[16]

ご存知のように、失敗と罪悪感は必要な体験です。というのも、いずれも全体性の一部だからです。対立物が一つになることを体験するためには、失敗と罪悪感とを体験する必要があります。ユングの次の言葉に初めて出合った時、それが私にとってどれほど啓示のようにひらめきをもたらしたか、よく覚えています。

［個人の人生において］まさに幸福をもたらす罪felix culpaとでも言うべきものがある。…幸福を逃す場合があるだけでなく、それなしには全体性に到達することが決してできないような決定的な罪悪感を取り逃がすこともある。[17]

別のところでも、ユングは、非常に明確に、罪悪感に価値を置いています。私たちはしばしば、自らの罪悪感を意識することを避けようと絶望的な努力をしますが、そうするうちに、影を投影してしまうことになります。影の投影と派閥への同一化は未熟な自我の証拠です（そして、もちろん、敵意ある批判は未熟な自我の助けにはなりません）。

私がとても役に立つと思うイメージは、自我を釣り船にたとえるイメージです。釣り船は、一定量の魚、それが運べるだけの魚しか乗せられません。積荷はその大きさに釣り合ったものでなければなりません。小さな漕ぎ舟で釣りをしている時に鯨を捕まえたらどうなるでしょうか。もしそれを引き上げたら、船は沈んでしまいます。これはぴったりのイメージで、というのも、対立物の問題は、まさに鯨のようなものだからです。対立物を釣り上げると、直接自己と出会うことになるのです。

メルヴィルの『白鯨』ではこのイメージが美しく説明されています。この本全体がその表現となっているのですが、その本のある場所で、メルヴィルは、鯨の目が頭のちょうど背中合わせになるような場所にあって、現実の本性について全く異なる二つのイメージ、二つの対立するイメージを同時に得る、という事実について議論しています。そして、対立物を一つにすることができるこの鯨は、何と壮大で神秘的なものに違いないとメルヴィルはコメントし、特に、モビー・ディックという鯨がいかに自己の象徴であるかを説明しています。[18] さて、確かに、捕鯨に行くことになっているのはほんの少しの人だけでしょう。しかし、もしそ

16 "Sonnet II," in *The Sonnets of Michelangelo*, p. 32.
17 *Psychology and Alchemy*, CW 12, par. 36.〔『心理学と錬金術Ⅰ』池田紘一・鎌田道生訳、人文書院、一九七六／二〇一七年、p.50〕
18 以下を参照。Edinger, *Melville's Moby Dick: A Jungian Commentary* (An American Nekyia), pp. 78f.

のように運命づけられている者の一人であるなら、避けることの方が向き合うことよりも危険なのです——さもないと、鯨の方が背後から襲いかかってくるでしょうから。[19]

それでは、どうやったら捕鯨に取り掛かれるでしょうか。どこに対立物は見つかるでしょうか。何であれ好きなものと嫌いなものを綿密に調べれば見つかります。言うのは簡単ですが、やるのはきわめて難しいと保証しておきます。難しいのは、好きとか嫌いとかいう感じが出てくると、綿密に調べようという気がどこかへ行ってしまうからです。『結合の神秘』の冒頭の文章を思い出してください。

結合において結びつく諸要素は対立物とみなされるが、それらが互いに敵意を持って対峙していることもあれば、愛情を持って惹き合っていることもある。

好きとか嫌いという衝動をあまりに具体的に受け取る時には常に、結合が外在化されて破壊されてしまいます。人やものへの強い魅力に捕えられたなら、それについてよく考えなければなりません。ユングはこう言っています。

それゆえ自分自身の幻想に翻弄されたくないと思えば、自分を惹き付けるものを一つ一つ丁寧に分析して、そこから、自分の人格の一部を第五元素として抽出しなければならない。そうして徐々に、何千もの偽装した自分自身と人生の途上で繰り返し出会うことになるということに気づくようになる。[20]

同じことが激しい反感にも当てはまります。それも同じように徹底して分析的に綿密に調べられねばなりません。自分は誰を嫌うのか。どんなグループや党派と自分は戦っているのか。それが誰であれ、何であれ、自分の一部なのです。自分が愛するものと結びついているように、確実に、嫌うものとも結びついているのです。

心理学的に重要なことは、どこにリビドーが留まるかであって、特定の事柄に対して惹かれるのか反発を感じるのか、ではありません。それをこつこつと考えていると、非常にゆっくりとではありますが、外の世界に散らばった心をそこから集めることになります。ちょうどイシスがオシリス

19 ユングの別の比喩を使った忠告を思い出してほしい。「深い穴の底へと降りていく定めにある人は、あらゆる用心をしながらそれを始める方が、後ろ向きに穴の中に落ちてしまうよりもはるかにいいということである」。(*Aion*, CW 9ii, par. 125〔『アイオーン』野田倬訳、人文書院、一九九〇年、p.90〕)

20 "The Psychology of the Transference," *The Practice of Psychotherapy*, CW 16, par. 534.〔『転移の心理学』林道義訳、みすず書房、pp.190-1〕

のばらばらになった体を集めたようにです。そうするうちに、結合に取り組むことになるのです。

それでは、結合という言葉に目を向けてみましょう。それはどういう意味でしょうか。結合とは何でしょうか。これは私たちが読んでいる本――『結合の神秘』のタイトルでもあります。結合の神秘、神秘的な結合、神秘そのものである結合。

錬金術の象徴体系によると、結合はプロセスのゴールです。それは、錬金術的な工程によって創り出される実体、実物、実質で、対立物を一つにするのに成功してようやくできあがるものです。神秘的、超越的なもので、多くの象徴的なイメージによって表現されています。主なものをいくつか列挙してみましょう。

哲学者の石。奇跡の不朽の物体で、自ら増殖し、卑近なものを高貴なものに、あるいは金に、あるいはそれ以上のものに変えます。

永遠の水aqua permanens。「永遠の水」とも「貫通する水」とも訳すことができます。あらゆるものを突き抜ける水です。錬金術の文献では、チンキ〔着色剤〕とも呼ばれています。それが突き抜けたものに色をつけるからです――それ自身の色であらゆるものを染めるのです。

三つ目の用語は哲学者の息子filius philosophorum。世界の救済者と考えられた人物です。

別の言葉としては、不死の霊薬pharmakon athanasias。不死の食物cibus immortalisと呼ばれることもあります。

もっとたくさんありますが、ここに挙げたのはいくつかの主なイメージです。この象徴体系は非常に複雑で曖昧なものですが、今晩はこの難しい象徴体系の詳細に立ち入る時間はありません。[21] 私たちの今の目的のために、私が結合をどう見ているかを駆け足で正確にお話ししたいと思います。

結合とそれが創り出すプロセスとは、意識の創造を再現していると思います。意識とは耐久性のある心的実質といっていいと思いますが、これは対立物が一つになることによって創られるのです。この考え方については、『意識の創造』という本の中でかなり詳しく述べていますので、興味のある方は参照してください。それはともかく、ここでのキーワードは「意識」です。

さて、私はこの言葉を使いながら、ここで言う「意識」という言葉の特徴を名づけたいという衝動に駆られます。たとえば、高い意識とか、大きな意識と呼びたいのですが、厳密には対立物という事実に当てはまらなくなるので、そうするのはよくないでしょう。もしそれが高い意識なら、同時に低い意識でもありますし、それが大きな意識なら、それは同時に小さい意識でもあります。永遠の意識とか個人を超えた意識と呼べばうまくいくように思いますが、その場合は特に条件があって、それが反対のものを想起させず、時間的なものと非時間的なもの、個人的なものと非個人的なものの両方を含むものとみなされることが必要です。しかし、永遠の意識とか個人を超えた意識と

21　より詳細な考察は以下を参照。Edinger, *The Mysterium Lectures: A Journey Through C. G. Jung's Mysterium Coniunctionis.*

いった言葉が、それと反対のものを想起させないという自信はありません。だから、「意識」という簡潔な言葉で満足するのが、たとえその正確な意味を定義できないとしても、おそらく安全でしょう。

この意識という言葉にはもう一つ問題があります。それぞれが、この言葉の意味を正確に知っていると信じていますが、実際にはそれはとても不思議なものなのです。しかしながら、どうすることもできません。それより良い言葉も思いつかないので、この言葉に留まりたいと感じます。

それで、結合が意識を意味するという発言に戻ります。しかし、もう少し問題を複雑にすることになりますが、意識が結合の原因であり結果でもあるということを付け加えなければなりません。こんなふうに矛盾した言い方をしなければならないのは、それが心の二つの中心、自我と自己との産物だからです。一方で自我の努力は結合を生みますが、もう一方で運命が決定を下し、自我はその決定の犠牲者だとも言える。ユングが言うように「（自我の）頭上に君臨し、（自我の）心に逆らってなされる」決定の犠牲者なのです。[22]

結合に対して私が述べた用語の一つに、哲学者の息子という用語がありました。心理学的にはきわめて重要だと思うのですが、その理由は錬金術師が自らのことを哲学者と呼んでいたからです。そうすると、哲学者の息子という用語で意図されているのは、結合が錬金術師の息子であり、これは実験室における錬金術師の努力によって作り出されるという事実を反映するものでしょう。

これは心理学的にはきわめて重要です。というのは、意識の創造において自我の果たす役割が決定的に重要であるということに触れているからです。たとえば、あるテクストでは、哲学者の石が自分のことをこう言っています。

私が私の息子を知ったのはその時であった。
そして息子と一つになった。
…
それゆえ私の息子は私の父でもある。
…［そして］
私は私に命を与えてくれた母を産んだ。[23]

この矛盾する叙述が意味するのは、無意識が自我という「息子」を生み出したにもかかわらず、

22 *Mysterium*, par. 778.〔『結合の神秘II』池田紘一訳、人文書院、二〇〇〇年、p.356〕
23 "Psychology of the Transference," *Practice of Psychotherapy*, CW 16, par. 528.〔『転移の心理学』林道義訳、みすず書房、一九九四年、pp.179-182〕このテキストに関するさらなるコメントは、本書一六二ページ以降を参照。

無意識を孕ませるのは自我の努力だということです。それゆえ、自我は、無意識的自己が生まれ変わった形で再生するための親になるということです。

ここで目をもう少し他に向けたいと思います。この偉大な本の真ん中に埋め込まれている非常に特別なセクションがあります。パラグラフ一八六からパラグラフ二一一までのセクションです。皆さんの中で、ユングに直接個人分析を受ける機会があったらいいのにと思う方はどのくらいおられるでしょうか。多くの方がそう思われるのではないかと思います。『結合の神秘』のこの特別なセクションは、その準備が十分整った人にとっては、そのような〔ユングと直接の〕分析の時間を提供してくれるようなものだといっても過言ではありません。

なぜかをお話しましょう。このセクションで、ユングはある曖昧な錬金術のレシピを取り上げて、詳細な心理学的な解釈をしています。テクストをまるでそれが夢であるかのように解釈しています。私見では、ユングの著作で、このようなことをしているところは他にありません。

私はこの一節に極めて高い価値を置くのですが、それはこの特定の錬金術テクストがまさに集合的な夢だからです。私たちの誰が見てもおかしくない夢です。この夢はそういうレベルから生まれてきた夢であり、それゆえ一般に通じる価値があり、誰にでも当てはまるのです。だから必要なことは、この特定のテクストがどうして自分の夢なのかを理解できるようになることで、ユングのところに持っていくのはその後です。そうすればユングはそれを解釈してくれるでしょう。そしてこの夢の意味するところを徹底的に理解したら、――今晩はもう一つ別のことをお話しようと思っているので急いで話していますが――分析を完了することになるでしょう。
最初にこの夢のテクスト、ユングが取り組んだ錬金術のテクストを読み上げます。テクストが錯綜していますが驚かないで下さい。私の話の中で徐々に明確になってくれれば幸いです。テクストはこうです。

汝がこの乾いた地を地そのものの水で湿らせる術を心得ていて、地の孔の数々を拡げることができれば、そしてこの外なる盗人が悪事をはたらく者たちとともに外に放り出されれば、水は真の硫黄を加えることによって癩の汚れから、さらには余分な水腫の湿気から浄められるであろう。そして汝はトレヴィーゾの騎士の泉、その水が正当にも処女ディアナにささげられている泉を、潜在的力として所有することになろう。この盗人は猛毒の悪意に身をかためた能なしで、翼をつけた若者はこれに恐れをなして逃げる。若者の花嫁はすなわち中心の水であるが、彼は盗賊につけ狙われているために彼女に対する熱い恋の想いを示しえずにいる。まことに盗賊の策謀は不可避である。そこで、願わくはディアナが汝に恵みをたれんことを。ディアナは野獣を手なずける術を心得ており、ディアナの二羽の鳩はその翼で気の悪意を和らげるだろう。すると気は容易に孔を通って侵入し、若者はただちに地の土台を揺り動かし、ひとかたまりの暗黒の雲を生ぜしめる。しかし汝は、月が輝くまで雲の上へと水を導きつづけよ。そうすれば深みの面を覆っていた闇は、水のなかで動く霊によって吹き払われるだろう。こうして神の命によって光が現われるだろう。[24]

繰り返しますが、驚かないで下さい。もう少し理解しやすい形に翻訳をすることができます。次のように翻訳してみました。

泉があって、その水は汚れていました。翼をつけた若者がこの泉に愛の炎を燃やしています。そして実際、その泉はこの若者の花嫁になることになっている。しかし、悪の盗人がいて、泉を汚している張本人なのですが、若者が泉に近づこうとするのを妨げます。それで、ディアナの助けを借りて、若者は泉のすぐ隣にある地の孔に入り、こうして大地と一つになると地震が起こり暗黒の雲が生じます。

辺りが落ち着くと、泉の水は浄化されていて世界が創造されました。(同じような場面が創世記第1章にあります。神の霊(spirit)が水面に来ると、闇が消え、光が現れた、とあります)。

このイメージは結合を描写しています。一つになる対立物は泉と翼をつけた若者です。それらは別の対立物の対を再現するものでもあります。たとえば、水と火、水銀と硫黄、月と太陽などを再現します。しかし、合一が生じる前に、悪の盗人を何とかしなければなりません。この盗人は、ユングが言うように、集合的な思考を行うという理由で「一種の自己強奪を人格化したもの」なのです。[25]テクストでは、盗人は粗雑な硫黄と特徴付けられて、真の硫黄と対比されています。

それでは硫黄とは何でしょうか。それは心理学的に何を意味するでしょうか。ユングは、『結合の神秘』の中で多くの頁を費やして硫黄の象徴体系について見事な記述をしています。ユングは次の言葉で締めくくっています。

> 硫黄は太陽の能動的な物質を表象する。あるいは、心理学的な用語を使えば、意識における動因となる要素といえる。一方では意思を…、一方では衝迫、意思ではどうにもならない動因あるいは衝動を表す。これには単なる関心から本物の憑依までいろいろあるが。この無意識の力動が硫黄に対応するものだといえるだろう。というのも、意識は人間の生活における偉大な神秘だからである。それは意識的な意思や理性を内なる燃えやすい元素によって阻むことであり、呑み込む火としても命を与える熱としても立ち現れる。[26]

24 *Mysterium*, par. 186.〔『結合の神秘I』池田紘一訳、人文書院、一九九五年、p.200〕
25 Ibid., par. 194.〔同、pp.203-4〕
26 Ibid., par. 151.〔同、p.169〕

太陽としての硫黄と月としてのメルクリウスが永遠の水の川の上でつながっている
（バルシューゼン、『化学の元素』1718年）

もう少し要約すれば、硫黄は欲望だといえるでしょう。それはリビドーの火であり、生命エネルギーそのものです。対立物という発電機によって創り出されるエネルギーなのです。

しかしながら、錬金術のテクストは二つの硫黄があると語っています。粗雑で低俗な硫黄と、真の哲学の硫黄。結合に入ることができるのは真の硫黄だけです。

心理学的にこれが指しているのは自我中心的な欲望で、自己中心的な欲望と対比されます。自我中心的な欲望は無意識で幼児的な性質の欲望で、それが望むものを望む時に要求します。これに対して、自己に中心を置く欲望は再生されて変容した欲望で、自我は宗教的な義務としてそれに仕えます。それは、意識によってその本性が変容させられた欲望なのです。

生まれ変わっていない欲望は悪く、その悪い性質は皆さんもとても簡単に示すことができます。自分自身の中、あるいは他人の中でこの粗雑な硫黄、生まれ変わっていない欲望と出会った時にしなければならないことは、その欲求を受け入れず、それを否定することです。そうすれば、それが邪悪なものにに変わるのが即座に見えるでしょう。それは要求し始めます。暴君のようになって力を振るいます。充足が否定されるとすぐにその本性を示します。生まれ変わった欲望の場合はそうなりません。

ユングの『ヴィジョン・セミナー』にすばらしい記述があります。そこで彼は欲望の扱い方を述べています。皆さんに読んでみたいと思います。

この変容においては、その対象となる物を、アニマあるいはアニムスの悪魔から取り去ることが本質的に不可欠である。自堕落になすがままにしていると、物だけに関心を持つようになる。教会の用語では、コンカピスケンティアConcupiscentia〔熱望すること・強欲・色欲〕という……。バラモン教でも、仏教でも、チベット密教でも、マニ教でも、キリスト教でも、欲望の火こそ、戦わねばならない元素であるとされる。心理学でもそれは重要である。

欲望にふけっていると、その欲望が天に向かうにせよ地獄に向かうにせよ、アニマやアニムスに物を与えることになる。すると、内的なそれ自身の場所にとどまる代わりに、現実の世界に出てくる……。しかし、そのとおりだ、私はそれを欲しいと思うし、手に入れようともしたい、でも私にはそれは要らない、と言えば、それを諦める決心をすれば、それを諦めることができる。そうすると、アニマやアニムスの入り込む余地がなくなる。さもなければ、欲望に支配され、憑依される……。

しかし、もしあなたが自分のアニマやアニムスを瓶の中に入れれば、たとえあなたが内面で辛い時を送っていようと、憑依されることはない。なぜなら、悪魔が辛い時に、あなたも辛いのだから…。もちろん、悪魔はあなたの腹の中でのた打ち回るだろう。しかしまもなく、（悪魔を瓶に閉じ込めるのが）正しかったとわかるようになるだろう。徐々に穏やかになり、変化が生じる。すると、瓶の中で石ができてくるのがわかるだろう…自己コントロール、あるいは耽溺にふけらないことが習慣になってくると、それは石となり、…その態度が既成事実となれば、石はダイアモンドとなる。[27]

ダイアモンドは結合のもう一つのイメージです。

ユングは私たちが読んでいる『結合の神秘』のテクストの解釈の中で、同じようなことをさらに忠告しています。とても大切な一節なので、私は何度も何度も振り返っていますが、皆さんもそうされたらよいでしょう。思い出してください、これは、皆さんがユングとの個人的な分析の時間の間に生じることとです――ユングが直接皆さんに話しかけているのです。

あなたがそれほど不毛なのは、気づかないうちに悪霊のようなものがあなたのファンタジーの源を、魂の泉を塞き止めているからだ。敵はあなた自身の精製されていない生のままの硫黄で、それが欲望の地獄の火を使って、あるいはコンカピスケンティアの地獄の火を使って、あなたを焼き焦がしてしまう。「貧しさは最大の苦悩、豊かさは最高の喜びだ」と考えて、黄金を作りたいと思うかもしれない。自分のうぬぼれを増長するような結果を望み、何か役に立つものを望んでいる。しかしながら、あなたも驚きつつ予感しているように、そのようなことが問題なのではない。このことを認めれば、成果を手に入れたいと望むことさえもうないだろう。というのも、それはひとえに神のためであって、残念ながらあなた自身のためではないからだ。

……

それゆえ、幼稚で近視眼的に自分自身の狭い地平の目標だけを追い求めるこの生の卑俗な欲望を放り出せ。…それゆえ、もう一度思い出し、…よく考えるべし。この欲望の背後にいったい何が潜んでいるのかを。永遠なるものへの渇望。…世界中のものが求める欲望に執着すればするほど、あなたは「ただの人」になっていく。自分自身をまだ見出せず、世界をよろめき歩き、自分の目が見えないのに、夢遊病者が夢を現実と思って歩き回るように、目が見えない人たちを導いて溝に落としてしまう。「ただの人」とは常に群衆である。あらゆるものに癩のようにつきまとっている集合的な硫黄への関心を洗い流せ。というのも、欲望は、燃え尽きるた

27 *The Visions Seminars*, vol. 1, p. 239-240.〔『ヴィジョン・セミナー』氏原寛・老松克博監訳、創元社、二〇一一年〕

めにだけ燃えるのであって、その火の中に、その火の中から、真の生き生きとした霊《スピリット》が生じ、それ自身の法則にしたがって生命を生み出す。…これは、自らの火で燃えるということであって、彗星や灯台の火になって、自分が知りもしないのに正しい道を他人に示すというようなことではない。無意識はそれ自身の関心を求め、あるがままに受け入れられることを欲する。ひとたび対立物の存在が受け入れられると、自我はそれが要求するところに精通することができるようになるし、そうしなければならない。無意識によってあなたに与えられた内容が認められなければ、その補償的な作用は無にされるだけではなく、実際にその対立物に変化して、文字通り具体的に実現されようとする。[28]

私は「この欲望の背後にいったい何が潜んでいるのかを。永遠なるものへの渇望」という驚くべき叙述を強調したいと思います。ユングは同じ考えを『ユング自伝』の中であらわしています。

人間にとって決定的な問いは、彼が何か無限なるものと関係しているかどうかということである。これは人間の生涯に対する試金石である。真に問題となるのが、無限なるものであることを知った時だけ、不毛なことに興味を固定せず、本当に重要でない色々な目標にとらわれずにすむ。…この世の生活において、私たちがすでに無限なるものと結びついていることを理解し、感じるならば、欲望や態度が変化する。[29]

さて、思い出してほしいのですが、私たちはまだ、錬金術のテクスト、翼をつけた若者とディアナの泉について話しています。欲望が純化されると、この若者は大地の孔を通ることができるようになり、水と一つになります。そしてこれが起こると、地震が起こり、暗黒の雲が生じます。これは十字架にかけられたキリストの死の際に生じた暗黒と地震とを仄めかすものです。ここにもう一つ、そのイメージに関してユングが行ったすばらしい叙述があります。ユングは、「意識の拡大は、最初は意識の動揺と暗黒化を引き起こし、その後で、人間を全体的な人間へと広げる」と言っています。[30]

皆さんが自分で全体を読まれることを希望します。ユングはかなり詳細に立ち入って論じています。私はあと少し話して終わりにしたいと思います。

世界は対立物の争いによって引き裂かれます。ユングが「哀れな何々主義」と呼んだ争いによっ

28　*Mysterium*, pars. 191-192.〔『結合の神秘Ⅰ』池田紘一訳、人文書院、一九九五年、pp.204-6〕
29　*Memories, Dreams, Reflections*, p. 325.〔『ユング自伝――思い出・夢・思想2』河合隼雄・藤縄昭・出井淑子訳、みすず書房、一九七二年、p.171〕
30　*Mysterium*, par. 209.〔『結合の神秘Ⅰ』池田紘一訳、人文書院、一九九五年、p.218〕

て。エマーソンはこう言っています。「誰もが社会の改善に乗り出すが、誰も改善していない[31]」。そしてユングは「未発見の自己」という論文の中で次のように述べています。

個人が精神《スピリット》の中で真に生まれ変わらなければ、社会も生まれ変わることはない。社会は、救いを必要とする個人の総和だからである。[32]

同じエッセイの後の方で、もう一つ別の重要な意見を述べています。

分割や分裂はすべて心の中の対立物の分裂によるという意識が、世界規模で生じさえすれば、どこから始めたらいいか分かるだろうに。[33]

しかしながら、手の届くところにあるのは、自分で、同じような心を持った他人に影響を及ぼす機会を持つか作り出すような一人一人の変化である。説得とか説教のことを言っているのではない――むしろ、私が言っているのは、自分自身の行動に洞察を持ち、無意識と接触がある人なら誰でも、意図せずして周囲に影響を及ぼすという、よく知られた事実のことである。[34]

自分自身の行動に洞察を持っているこれらの個人は、多かれ少なかれ、結合を体験した人です。彼らは対立物の担い手です。社会が救われるとすれば、それはそのような個人の加算的な効果によってなされるだろうと私は思います。そして、充分な数の個人が全体性の意識を担えたら、世界そのものも全体になるでしょう。

古代においては、ドラマがディオニソス崇拝の宗教的な儀式の一部でした。劇のできが悪いと、「それはディオニソスとは何の関係もない」という批評を受けました。私の考えでは、未来は新しい神話に由来する行動と思考の新たな標準を産み出し、それらの新たな標準とは、結合を最高の善として基礎に置くものになるだろうと思います。その立場からは、もっとも深い批判は、「それは結合とは何の関係もない」ということになるでしょう。

このユング派の神話によると、個人の価値の最高の測定基準は、その人が対立物を担える意識を持っているかどうかということになるでしょう。そのような人々は自らの影を他人に投影することによって心的な環境を汚染することはなく、むしろ自分自身が暗黒という重荷を背負うことになる

31 "Self Reliance," in *Selected Writings*, p. 166.
32 *Civilization in Transition*, CW 10, par. 536.
33 Ibid., par. 575.
34 Ibid., par. 583.

でしょう。
ユングは『結合の神秘』のパラグラフ五一二で見事にそのことを述べていますので、最後にそれを引用して終わりたいと思います。ユングはこう言っています。

投影された葛藤が癒されるためには、個々人の心の中、葛藤が始まった無意識の中に戻されなければならない。自分と最後の晩餐を祝い、自分の肉を食べ、自分の血を飲まねばならない。これは、自らの中に他者の存在を認め、これを受け入れるということである…。これはおそらく自分の十字架を自分で担えというキリストの教えの意味であろう。そして、自分に耐えなければならないとしたら、他者を引き裂くことなどどうしたらできるというのだろうか。

質疑

質問：結合というのは一度限りの体験なのでしょうか。それとも、それに向かって進まなければならない目標で、でも常に掴みきれない部分が残るようなものなのでしょうか。

ええ、確かに残ります。一度限りの体験ではありません。私はそれを循環する現象だと見ています。明日お話しする予定の『薔薇園』も、一〇枚の一連の絵から成るものですが、結合のプロセスの異なる位相を示していて、その一連の一〇の段階を循環的なパターンとして、つまり、円として見ています。

人は何度もそのサイクルを進むことになりますが、小さな円のこともあれば大きな円のこともあるでしょう。本当に大地が揺れるような大きな出会いは、人生の中で一度か二度しかないかもしれませんが、同じプロセスの小さなものならばいつでも進んでいて、意識を漸次増進させています。

質問：ネガティヴな、あるいはポジティヴな投影のスクリーンになった時は、どうやったらそれから離れられるでしょうか。元型的な戦いに引き込まれるのをどうすれば避けられるでしょうか。

ユングはこの問題に極めて特殊な形で取り組んでいます。『転移の心理学』[35]の長い序文の中でそれを行っているのですが、その後で『薔薇園』の絵についての註釈を始めています。分析のプロセスの中で、それが転移・逆転移という形でどのように生じてくるかをユングは議論していますが、それはちょうどまさに今のご質問と関わる部分です。もちろん、転移・逆転移は分析的な関係に限

35 *The Practice of Psychotherapy*, CW 16.〔『転移の心理学』林道義訳、みすず書房、一九九四年〕

られるものではありません。人生のどこでもいつでも生じます。そしてそれは本当にかなり大きな問題です——他の人から投げかけられていると感じる投影に巻き込まれた時にどうすれば離れられるか。

ここで実際的にとても大切な示唆があります。他人の投影の担い手となるためには、その留め金を提供する必要があります。留め金がなければ投影は起こりません。それが何であれ、投影されたものであるような傾向がなければ、投影は滑り落ちてしまいます。つかまるところがないのですから。だから、不愉快な投影の受け手となった時になすべきことは、自分の中のその留め金を綿密に調べることです。その疑いから儲けるつもりで始めるのがいいでしょう。「私はその人が考えているような人間ではないと思う。でも、幾分かはそういうところがあるに違いない。そこには留め金があるはずで、さもなければ〔投影が〕引っかかることはないだろうから。その留め金に取り組むとしよう」。それをこつこつとやれば、とても役に立つでしょう。

質問：女性がこの結合のプロセスに近づく時に、男性とは違うことが要求されますか。

私自身の考えでは、それはありません。私が考えていることは、非常に一般的な性質のことなので、普遍的に当てはまると思います。どのようなヴァリエーションがあったとしても、それに続いて理解することができると思います。しかし、私が見る限り、私がお話したことは、男性と女性とではそれほど有意な差はありません。

質問：あなたも、引用されたユングの文章も、欲望は悪で、封じ込める必要のある悪魔だといわれましたが、これと抑圧との違いについてお話していただけますでしょうか。

これは大切な質問です。というのも、ユングが勧めているのは、抑圧のように聞こえますが、そうではないからです。もちろん、決定的なことは、それが意識的な作業であるかどうかです。抑圧は、不愉快な事柄を無意識に差し出すことで処理して、多かれ少なかれそれを切り捨てるのですが、ユングがアドバイスしているのは、それを容器に入れて蓋をして、――錬金術のイメージを使えば――そこに熱を加えるのです。それは抑圧とは全く異なるものです。

質問：同じものの合一はどうでしょうか――対立物の合一ではなく同一物の合一は？

同一物の合一は対立物の合一の前奏です。同一物の結合の意味は、同じものであっても、それがどんなものであれ、それ一つではまだ十分な現実を成し遂げたとはいえず、それ自身と同じものと一つになる必要があるということです。そして、それがなされると、対立物との合一に進みます。

質問：影を取り込むことへの実際的な示唆について、もう少し明確にしていただけませんか。自分が嫌う相手の中に、自分の心の一部を認識した後でどんなふうに進んでいくのか何か例を挙げていただけませんか。つまり、罪悪感とか、拒絶とか、自己嫌悪、理性的であらねばという必要性をどう扱うかということなのですが。

そうですね。影を取り込むための実際的な示唆ですね。第一段階は、大切な段階ですが、自分がやっていることが疑問にさらされるかもしれないということに気づく能力です。最初は、無垢の状態にあります。それから何らかの反応をします。これが好きであれが嫌いだというような。でもそれが適切かどうかという疑問は生じていません。その疑問がひとたび決定的な形で生じてきたら、もう無垢ではなくなります。そして問題が生じます。それとそれが嫌いなのはとても悪いからだ、でもそれを嫌っていてもあまりいい感じがしない。実際、嫌っている時にある種の悪い気分になります。それはおそらく、嫌うという行為をしていると自分が悪いように思え、嫌っている相手の中にある悪いこととそう変わりがないように思えるからです。

そのような反省がやって来始めると、ユングが言うように、私たち自身の肉を食べ始め、私たち自身の血をすすり始めることになるのです。もっと明確にする方法はわかりません。ことあるごとにそうするようにと、示唆できるだけです。

質問：結合が意識を生むとすれば、その対立物である無意識はどうなのでしょう。

ええ、無意識も生まれます。心理学的な事柄をある特定のやり方で話す時には、決まって自分が話しているのと反対の事柄が布置されるという事実の一例です。そうなると、絶望的なほどもつれてしまいます。

結合が無意識を生むやり方は、それが全力で噴出して自我と出会うと、自我は吹き飛ばされてしまい、それに憑依される可能性があります。そして、まさに洞察と啓示を得たという感覚や途方もない次元の輝ける自覚がその対立物へと変わります――自我肥大です。ですから、偉大な啓示を得たというまさにその瞬間に、それと同一化することで愚かな者になるのです。そうです、その意味で、結合は意識だけでなく無意識も生むのです。

質問：罪悪感の価値を詳しく述べていただけませんか。

錬金術的工程の主な作業法の一つに殺mortificatioと呼ばれる作業法があります。[36] 物質がフラスコの中で殺され、腐敗し、ばらばらになるなど、殺という醜悪な言葉で示唆されるすべてのことを表した象徴的なイメージです。物質が死を被ることがその文字通りの使い方です。これは錬金術プロセスの主要なイメージの一つです。

錬金術師は、これらの作業法をフラスコの中で物質に施していたと考えていました。しかし、その作業は心の中で進行していたのだということを私たちは知っています。これが、私が十全たる個性化のためには敗北の体験が必要であると語った時に言いたかったことです。対立物とその分離を体験するには敗北の体験なしにはできませんが、これは殺の象徴体系と関連しています。

この元型の一つの歪曲した形を、自虐的な人たちがその体験を求めていくのに見ることができます。それは全く誤ったやり方です。それでは目的が達せられません。それは自我が自分に課す作業ではありません。そのような形で作業するのは病的な歪曲です。しかし無意識が、運命が、客観的な状況が、人を屈辱や敗北の体験、時には文字通りの死の体験にすら直面させるなら、まさにそういう時に最も重要な心理学的な発達がしばしば起こるのです。

ある錬金術の言葉に、死は哲学者の石の懐胎〔conception：概念、発端〕であるという言葉があります。自我の死は、あるいは自我が自らが死ぬのを体験することは、しばしば、自己の自覚が生じる前奏となります。ユングは『結合の神秘』の中で深い言葉を残しています。「自己の体験はいつでも、自我にとっては敗北である」と。[37] そういうわけで、偉大なるものとの出会いは常に、小さなものの方に、まず、傷つきとダメージをもたらします。罪悪感の体験も、敗北、不適切、傷つきといったこの現象全体に属すものです。

質問：核戦争の脅威とか中央アメリカへの関与といった政治的な問題に、対立物を意識しそれを内に抱えながら、効果的に、現実的に、そして、責任を持って対処するにはどうすればいいでしょうか。

とても良い質問ですが、とても難しいです。エマーソンの言葉を思い出してもらいたいです。「誰もが社会の改善に乗り出すが、誰も改善していない」[38]。確かに、そのライフワークとして、運命として政治的な現実を扱うように求められた人たちがいます。政治は彼らが自分の生を全うする領域といえます。そして、私たち一人一人が、できる限り意識的に在るように努めながら、自分に固

36　本書一〇六ページ以降を参照。以下も参照。Edinger, *Anatomy*, chap. 6.〔『心の解剖学』第6章「殺」、岸本寛史・山愛美訳、新曜社、二〇〇四年〕
37　*Mysterium*, par. 778.〔『結合の神秘II』池田紘一訳、人文書院、二〇〇〇年、p.356〕
38　註31を参照

有の生の領域はなんだろうかと問わねばなりません。自分の生の領域が政治だと決めたなら、その領域で効果的に機能し、そこで生を全うするよう準備することを余儀なくされるでしょう。

しかしながら、自分の生の領域がどこか他のところにあるなら、そしてそれでも世界で起こっていることに深い苦悩を感じるなら、「それについて何かすべきだ」と思うでしょう。私が示唆するとすれば、二度考えなさい、ということです。ユングの信念は、世界を救済し変容させるもっとも効果的な方法は、何よりもまず、世界の小さな断片、すなわち自分自身から変容させるということです。そして、それが徹底的になされるまでは、外の世界の変容を企てる資格はない、というのが私の考えです——これはもちろん、自分の仕事の領域が政治でない人たちの話です。

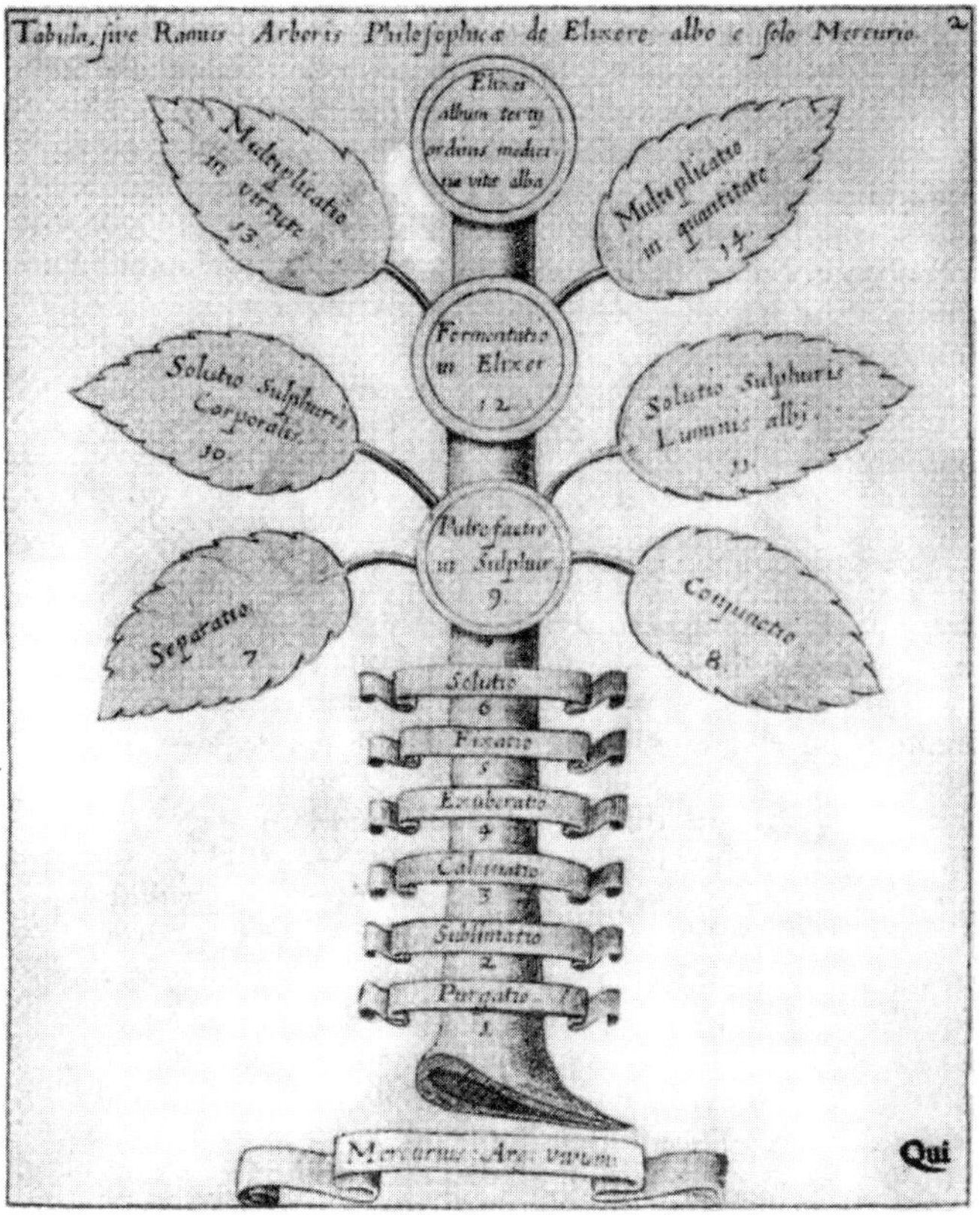

哲学の木の形をした錬金術の作業法
（『沈黙の書』1677 年）

錬金術師とその助手は、封印された薬瓶の入った炉のそばにひざまずいている。彼らの頭上では、２人の天使が同じ薬瓶を手にしており、そこには２人の術師の霊魂に相当するソルとルナが入っている。
（『沈黙の書』1677 年）

2 『薔薇園』の絵の心理学的解釈

今日は錬金術のテクスト『哲学者の薔薇園』から一〇枚の絵のシリーズについて話します。ユングはこの一連の絵を重視して、それをもとに『転移の心理学』という主著の一つを仕上げました。『結合の神秘』の序で語っているように、『転移の心理学』は『結合の神秘』と同一の企画の一部で、あまりに分量が多くなるため、それを別の著書とすることに決めたのです。[39]

この素材に対する私の反応は、「ああ、なぜユングは転移を語るのに『哲学者の薔薇園』のような曖昧なものを選んだのだろうか」というものでした。しかし何年もかけてこの題材と取り組みじっくり考えるうちに、これらの絵は魔法のようだと思うようになりました。それらの絵は、ある原初的な体験に由来するということも明らかです。これらの絵を誰が描いたにせよ――その人物は錬金術の無名の霧の中に埋もれてしまっていますが――その体験をしたのであり、それについて語

39 The Psychology of the Transference（『転移の心理学』）は、*Dies Psychologie der Übertragung* (Zurich, 1946) として初めて書籍化された〔『転移の心理学』林道義訳、みすず書房、一九九四年〕。現在、『ユング著作集』の英語版では、第一六巻『心理療法の実践』に収録されている。そこで再現された木版画は、本書も同じだが、フランクフルトの『哲学者の薔薇園』初版（一五五〇年）に掲載されたものである。

絵５　合一、神秘の顕現

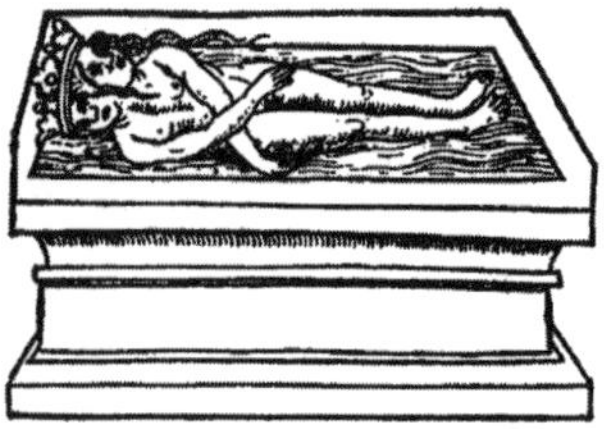

絵６　墓の中で

絵７　魂と体の分離

絵８　雲から滴るギデオンの露の雫

絵１　マンダラの泉

絵２　対立物の出現

絵３　行為のために脱ぐ

絵４　浴槽への降下

絵 9　魂と体の再合一

絵 10　合一した永遠の体の復活

ろうとしたのです。

『薔薇園』の絵は非常に価値があるので、努力と注意を注いで現代人の心に関係づけねばなりません。私の希望は、それらの絵が、皆さんの多くにとって、既に体験した、あるいはこれから体験するであろう深い心理学的な体験を自分に関係づける手助けとなるような意味を持ち、皆さんの意識にずっと加わることです。

まず、一〇枚すべてをざっと見てみましょう。それぞれの絵に私自身の用語でラベリングして、それを意識に固定する手助けとなるようにしてみました。これからそれらを概観して、その後、一つ一つの絵を詳しく見ていくことにしましょう。

1. マンダラの泉、第一質料を表す
2. 対立物の出現
3. 行為のために脱ぐ

4. 浴槽への降下
5. 合一、神秘の顕現
6. 墓の中で
7. 魂と体の分離
8. 雲から滴るギデオンの露の雫
9. 魂と体の再合一
10. 合一した永遠の体の復活

今私はこれらを直線状に示しましたが、それらは、図1に示すように、一つのサイクルを表す円と考える方がいいと思います。そのように並べると、それらを、一回限りの孤立した出来事よりもむしろ、何度も繰り返される一連の心理学的な出来事とみなすことができるでしょうから。

このように並べるもう一つの利点は、この一連の絵と他のサイクルとの並行性に気づくことができるということです。何年か前に行ったキリスト元型のセミナーのことを覚えておられる方もいるでしょう。[40] そこで私はキリストの人生の中で節目となるようなさまざまな点を、図2のように環状に並べてみました。これを『薔薇園』のサイクルと比べると、一度その根底で心理学的に指し示されていることを掴めば、類似性が見えるようになるでしょう。

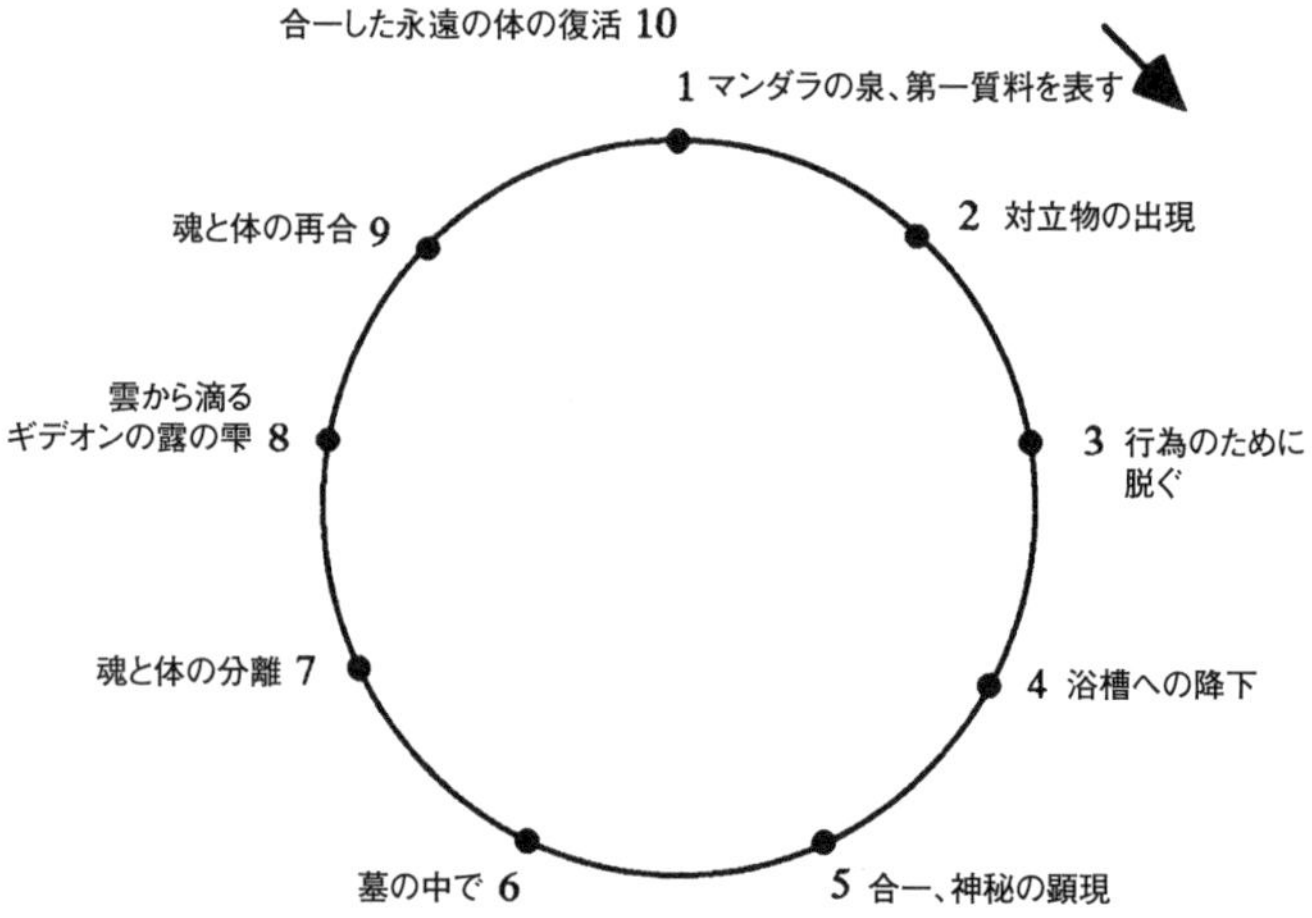

図１　『薔薇園』のサイクル

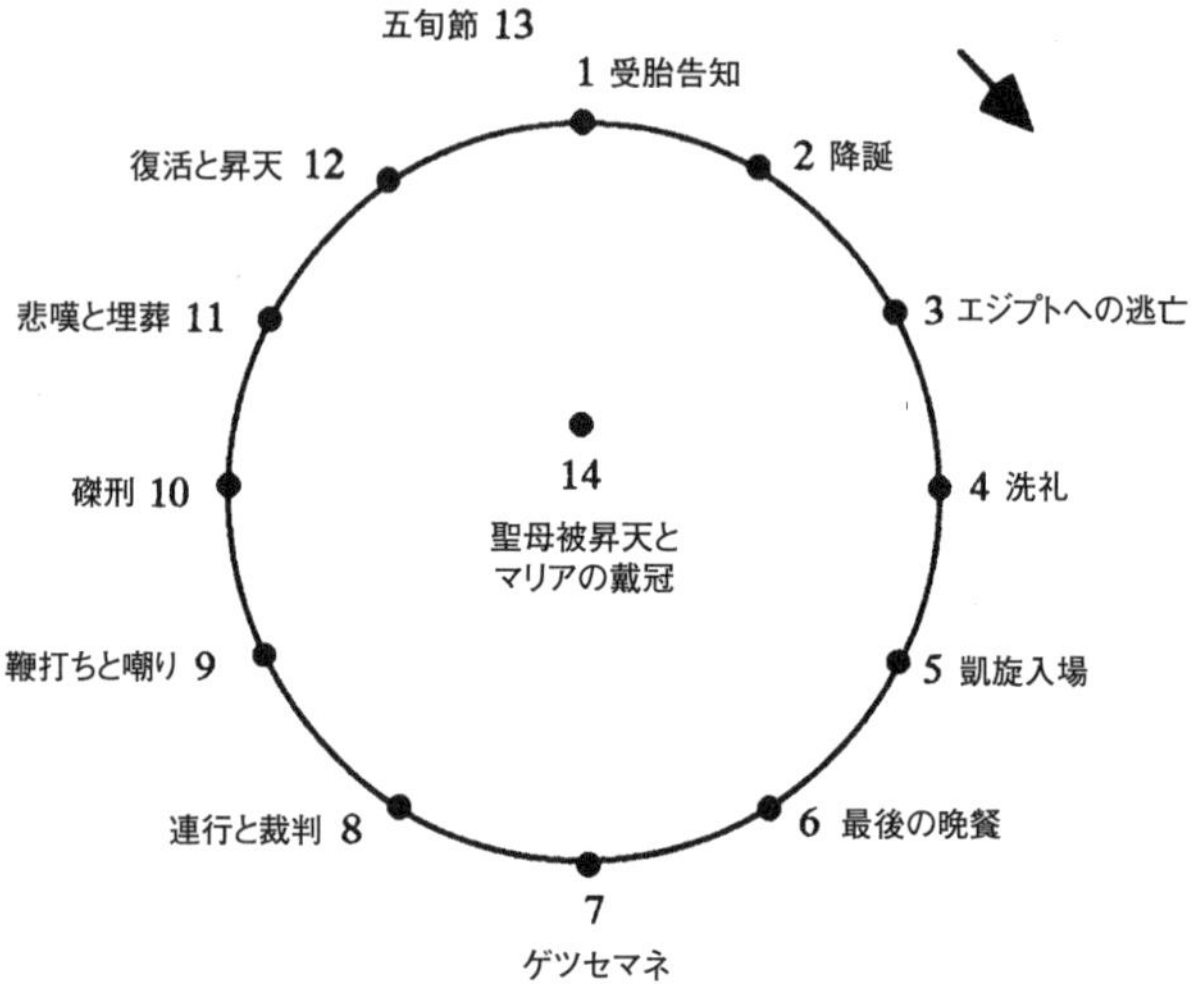

図２　受肉のサイクル

キリスト元型のサイクルと『薔薇園』の絵のサイクルの間に私が見る並行性を一つ一つ挙げてみましょう。

絵2、対立物の出現は、受胎告知と類似しています。

絵3、行為のために脱ぐことは、キリストの降誕と類似しています。

絵4、浴槽への降下は、キリストの洗礼と類似しています。

絵5、合一は、磔刑と類似しています。

絵6から8、墓の中で、魂と体の分離、ギデオンの露は、キリストの磔刑、悲嘆と埋葬に対応します。

絵9と10、魂と体の再合一、合一した永遠の体の復活は、復活と昇天に対応します。

もう一つ、これと類似するサイクルがあります。ギルバート・マレイという偉大な古典学者（一八六六－一九五七）が行なった、古典的ギリシア悲劇の基調をなす宗教的ドラマのサイクルの記述は非常に価値あるものです。[41] 彼が見た基本的なサイクルとは、それが悲劇の起源と考えられたの

40 以下を参照。Edinger, *The Christian Archetype: A Jungian Commentary on the Life of Christ.*〔『キリスト元型』岸本寛史・山愛美訳、青土社、二〇二一年〕
41 "Excursus on the Ritual Forms Preserved in Greek Tragedy," pp. 343f.

ですが、年霊Year Spiritの死と再生の儀式的な再演でした。この儀式的な再演には四つの主な特徴、あるいは位相があります。

1. ディオニソスとなる主役の英雄は、年霊を人格化したものですが、それが敵対者と出会います。悪の化身と出会い、対立物が布置されます。ギリシア語でアゴンAgonと呼ばれる争いが、主役と敵対者との間で生じます。それが第一相です。

2. 続いて、年霊、ディオニソスの受苦、苦痛、敗北となります。これはパトスPathosと呼ばれます。

3. これに続くのが悲嘆、トレノスThrenosです。これはコーラスという劇の観察者の部分です。

4. それから、奇跡的なエナンティオドロミアが生じ、神が再び顕現します。神は復活し、異なる次元で再度出現します。これはテオファニーTheophanyと呼ばれます。

再び、それらを環状にならべて（図3）、他のものと比較してみます。皆さんも、進むにつれてそれが『薔薇園』の絵と密接に並行しているのがお分かりいただけると思います。これらの並行性が必然であるのは、これらのサイクルがすべて、同一の基本的な元型に由来しているからだと私は考えています。

『薔薇園』の絵のパターンは象徴的に、客観的な心の力動的なプロセスの段階を表しています。

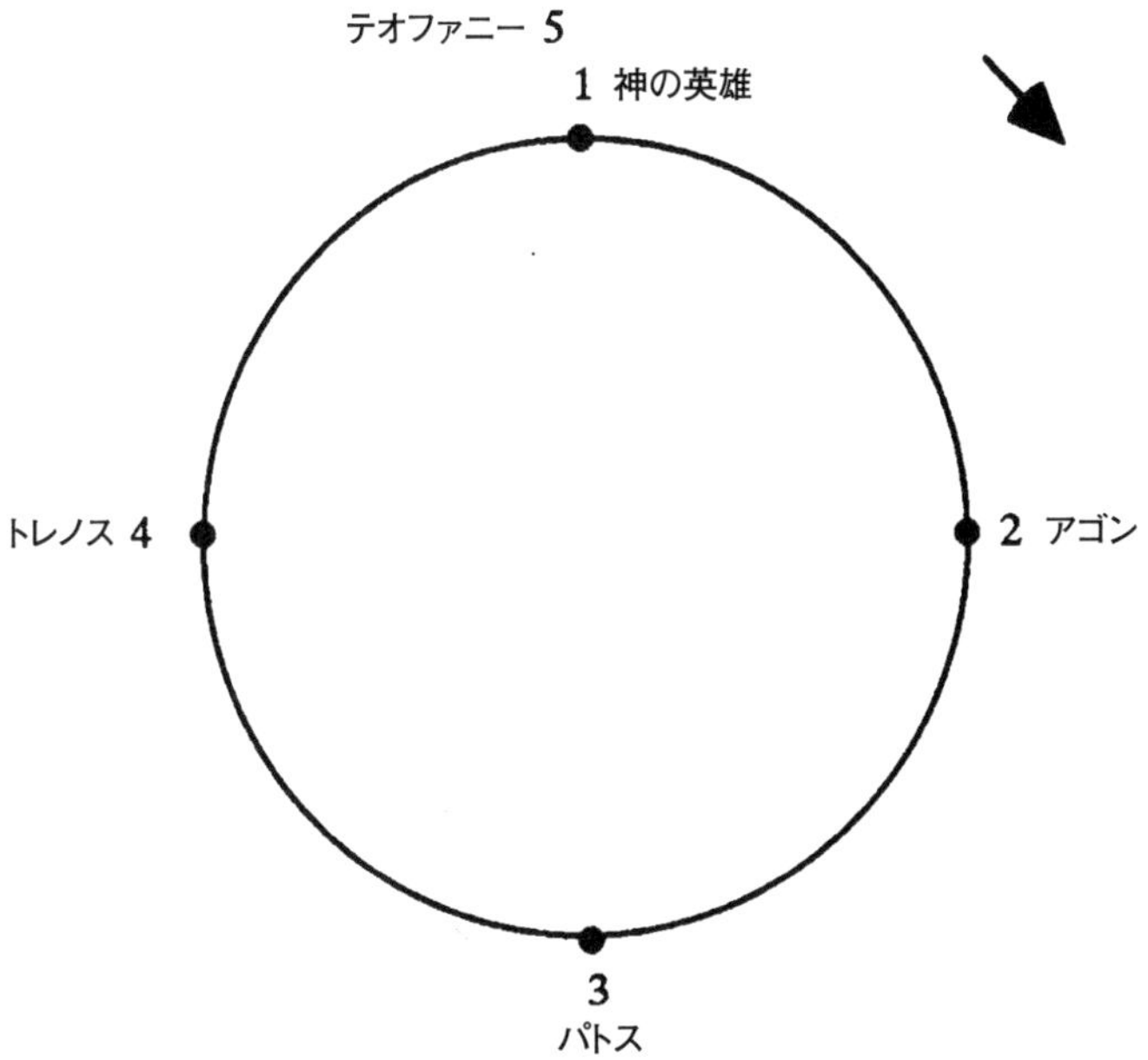

図3　年霊の死と再生

今日見ている絵は、錬金術の絵だということを思い出していただかねばなりません。もともとは錬金術のフラスコの中で進行している出来事を図示することを意図されたものなのです。そのことを忘れてしまいかねません。フラスコの中に閉じ込められた形では描かれていませんから。でも、その絵が表そうとしていたのはこのことなのです。その絵は、容器の中、容れ物の中で生じている出来事を表現しているのです。

これらのことを心理学的に理解するという私の試みの中で、私はユングとは少し異なる道を辿りたいと思います。彼が言わねばならなかったことを、私がただ繰り返しても意味がありませんし、皆さんには自分でそれを読んでもらいたいと強く思います。私は、その絵を見るいろいろなやり方を示したいと思います。あれかこれかという問題ではなくて、様々な側面を吟味するということです。主要な象徴的イメージにはすべて当てはまることですが、それらは多重の意味を放っていて、もしそうしようと思えば自分で更にいろいろと考えられるでしょう。私の目的のために、この一連の絵を、三つの異なる心理学的な文脈を表象するものとして考えたいと思います。

1．最初は、それを、個人の心の中で進行しているプロセスとして見ることです。その場合、プロセスを容れる器は一人の個人です。

2．それを心理学的に見る第二の方法は、二人の人物の間で進行するプロセスとして見ることです。その場合、容れものとなる器は関係性ということになるでしょう。それはペアにあるともいえます。

3．第三は、それをグループとか共同体の中で進行する心理学的なプロセスを再現するものとして見ることです。その場合、それは集合的なプロセスであり、個人的なプロセスでは全くありません。集団を構成する個人は、いわば、より大きな集合的なドラマの中の原子のようなものとなります。

錬金術の象徴体系に親しむにつれ、錬金術のイメージが何事にも適用できることが明らかとなってきます。それらは至るところで作用しているのです。それで、ある特定の体験や現象を理解する

ための イメージ群を使おうと思えば、特定の錬金術的プロセスが生じている容器を定義する必要があります。そしてもっともよく見られる三つの容器が、ここで私が述べた三つです。個人の心、二人の間の関係性、そして更に大きな集団の中で進行するプロセス、の三つです。
それでは『薔薇園』の絵を一つ一つ詳しく見ていくことにしましょう。

絵1　マンダラの泉

ここに泉の絵がありますが、その泉は、その上部が花のようなもので飾られています。そこから三つのパイプがでていて、そこから液体が、泉を包む容器に注いでいます。それを囲んでいるほぼ正方形の構造物は、上部にいる双頭の蛇が吐き出す蒸気が作っています。

それが指しているのは、四元素はもともと二つの蒸気に由来するという古代の観念です。最初にあったのは二つの蒸気です。煙のような蒸気と水のような蒸気。煙のような蒸気は二つに分かれ、土と気になりました。水のような蒸気は二つに分かれ、火と水になりました。蛇から吐き出されている二つの蒸気が四つの六芒星を生み出し、四隅に一つずつ置かれているのが見えるでしょう。それらは、四元素、土・気・火・水を表しています。中央に五つ目の星がありますが、これは第五元素、五番目の実体を表し、四元素の合一によって創り出されるものです。そしてその両側に太陽と

ROSARIVM

Wyr sindt der metall anfang vnd erste natur/
Die kunst macht durch vns die höchste tinctur.
Keyn brunn noch wasser ist meyn gleych/
Ich mach gesund arm vnd reych.
Vnd bin doch jtzund gyftig vnd dötlich.

Succus

絵１　マンダラの泉
私たちは金属の第一の性質であり、唯一の源である／その術の最高のチンキは私たちを通して作られる。私のような泉も水も他にはない／
私は金持ちにも貧乏にもするし、健康にも病気にもする。私は薬にも毒にもなり得るからだ。

月があります。

この絵は、第一質料 prima materia と最終質料 ultima materia の両方を表象するものです。実際には一連のサイクルの外にあります。最初にも最後にも属するもので、アルファにしてオメガ、プロセスの両端を表します。

これは、メルクリウスの泉と呼ばれるもので、心理学的には、自我の誕生に先行する心の基盤を表すものと言えるでしょう。

発達の最早期、発育期においては、自我はかなりの部分、この絵が象徴するものと同一化した状態で生きています。泉は、命を与えるような液体をさほど問題もなく噴出していますが、それはまだ反省がないからです。しかし後の人生で、個性化の過程にあると、自我はこの絵が表現するものと関係を持って、それを意識的に生きることを余儀なくされます。

そのイメージが、宇宙的（星、太陽、月）、無機的（四元素と蒸気によって表される）、爬虫類的であるという事実に注意を向けていただきたいと思います。これが、人間の心の基盤なのです。心の基盤とはそういうものです。どこにも人間的なところはありません。哺乳類のイメージすらありません。私たちが温血動物との間にあるようなつながりすら感じられないのです。

このようなイメージは、しばしば、分析の最終産物でもあります。通常は最初に現れることは全くありませんが、分析をして無意識に入るというよりも無意識から出てくる必要がある場合は例外

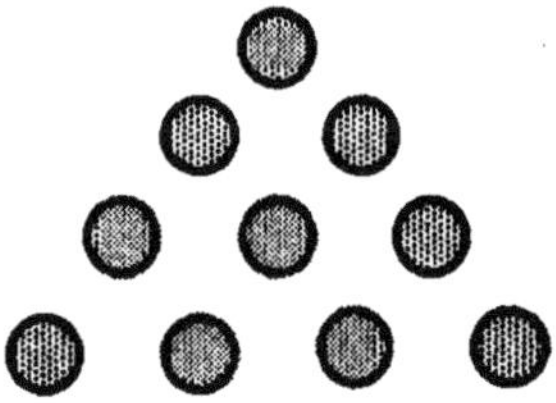

です。
この絵にどれほど多くのことが凝集されているか、皆さんの注意を引いてみましょう。たとえば、1、2、3、4という象徴的な数の並びがそこには組み込まれています。中心には一つの泉、そのすぐ上には二元性を示す二つのもの、一方では太陽と月、もう一方では双頭の蛇がいます。3という数は泉の三つの管として絵の中に組み込まれています。それらは、「処女の乳」「泉の酢」「生命の水」と名づけられています。これらは、霊薬《エリキシル》、永遠の水aqua permanensと同じ意味を持つ言葉で、哲学者の石の液体版です。四者性は四隅の四つの星によって表され、四元素を象徴します。五つ目の星によって、五という数すら暗示されています。
さて、この1、2、3、4という数の並びは、いわゆるマリアの公式です。これはユングにとって非常に重要なものですが、私がこれについて考えている時に、彼がこの公式にどのくらい言及しているか見てみようと思い立ちました。ユング全集の索引を一つ一つ調べてみたところ、ユングはマリアの公式に三六回も言及していました。
マリア・プロフェティッサMaria Prophetissa、ユダヤ人女性マリアは、有名な初期の錬金術師でした。錬金術師の祖先のような女性です。彼女の公式はこうです。「1は2となり、2は3となり、3から4番目のものとしての1が生じる」[42]。もう一つ別のヴァージョンがあります。「1、そしてそれは2、2、そしてそれは3、3、そしてそれは4、4、そしてそれは3、3、そしてそれは2、2、そしてそれは1」[43]。

おわかりのように、最初の単純な整数についてじっくりと考えれば考えるほど、それは神秘的で意義深いものになっていきます。マリアの公式は古代ピタゴラス学派の四つ組に対応するものです。この四つ組は右のような形で表されました。

ピタゴラス学派の同士はこの四つ組をもっとも神聖な紋章として崇拝しました。彼らが生きていたのは数がまさに発見されつつあった時代です。数のヌミノースな性質と数の間の関係とがこれらの初期の発見者たちの心を深く捉えました。彼らは、数の元型的な背景のすぐ近くに触れたので、彼らはその聖なるオーラにすぐに気づきました。私たちがそのような心の状態になるには大変な努力を要しますが、そうするためには無意識に降りていかねばなりません。ピタゴラス学派の哲学は私たちの無意識の中でまだ生きています。そしてもし充分深くまで降りていけば、それらの原初的

42　*Psychology and Alchemy*, CW 12, par. 209.〔『心理学と錬金術I』池田紘一・鎌田道生訳、人文書院、一九七六／二〇一七年、pp.215-8〕

43　Ibid., par. 210, note 86.〔『心理学と錬金術I』池田紘一・鎌田道生訳、人文書院、一九七六／二〇一七年、p.308、註83〕

な事態のヌミノースな性質が私たちを捉え始めます。この種の事柄はすべてこの最初の絵の中に組み込まれているのです。錬金術師にはまだ、これらの性質に対して何らかの感じが残っていたのですが、私たちはほとんどそれを失ってしまいました。

ユングはどこかで、最初の五つの整数、1、2、3、4、5は、天地創造全体の基礎であると述べています。[44] もう少し時間があれば、この二つのマリアの公式を駆け足で説明して、それがいかに人生の前半と後半に生じる心理学的発達を表しているかを示したいところですが。1が2となり、2が3となり、3が4となる。4が3となり、3が2となり、2が1となる。降りていき再び上に戻ってくる。単一の状態（unity）から四重の多元性へと降りていき、そして単一の状態へと一段一段戻っていく。

これは、人生の前半と後半の象徴的なレジュメともいえます。今はそのことに詳しく立ち入る時間はありませんが、おそらく自分でそれを思い描くだけで充分だと思います。[45]

さて、一つ一つ絵を見ていく中で、それらのイメージが現代人の夢の中にもどのような形で現れてくるか、せめて簡単にでも述べておきたいと思います。絵1はマンダラ構造に対応するものです。円と方形、泉、数、そして夢にはとてもよく見られるイメージですが、3とか4を指すイメージ。これらは、分析のプロセスにおいて、一つのものにする象徴として生じてくるイメージです。そして、それらはしばしば、発達段階の最終産物なのですが、未来の統合を予感させるイメージとして、分析の初期にも生じてくることがわりとあります。

絵2　対立物の出現

ここには宮廷服をまとった王と女王がいて、それぞれ冠を付けています。王は太陽の上に立ち、女王は月の上に立っています。王と女王はそれぞれ左手を握り、右手に持った長い柄のついた花が互いに交差しています。その上に六芒星があります。この星が中央にあるので、〔絵1で同じ場所にあった〕第五元素としての五番目の星に由来するのではないかと想定されます。星の下には鳩がいて、もう一つの花を嘴に咥えて降りてきていますが、その花の柄は、他の二つの交差した花の柄と交差しています。

絵1では、原初の単一の状態が表象されていました。そして今、単一の状態は二へと分裂しました。王と女王とは互いに向き合っています。対峙が生まれ、対峙は第三のもの、鳩の動機の下に生

44　以下を参照。*Memories, Dreams, Reflections*, pp. 310f.〔『ユング自伝――思い出・夢・思想2』河合隼雄・藤縄昭・出井淑子訳、みすず書房、一九七二年、p.152〕

45　詳細な議論に関しては以下を参照。Edinger, *The Mysterium Lectures*, lecture 23.

PHILOSOPHORVM.

Nota bene: In arte noſtri magiſterij nihil eſt celatũ à Philoſophis excepto ſecreto artis, quod non licet cuiquam reuelare, quod ſi fieret ille maledicerctur, & indignationem domini incurreret, & apoplexia moreretur. Quare omnis error in arte exiſtit, ex eo, quod debitam

Secretum artis

C ij

絵２　対立物の出現

じています。ですから、絵1と比べると、これは分離separatioを表象し、光と闇とを分けた原初の創造行為に対応するものです。創造神話では非常にしばしば見られるテーマです。最初は、事物は全く錯綜した混合状態にあり、その後、神の介入によって分裂が生じ、空と大地とが分かれる。この絵では太陽と月とが分かれています。[46]

分離の創造行為は意識が生まれたことを意味します。そして意識は人間存在を意味します。それゆえ、絵2で初めて、人間なるものの存在を見るのです。しかし、それらは、ありふれた平凡な人間ではありません。まだ人ではないのです。彼らが表象されている仕方から明らかなように、彼らは個々の人々というよりもむしろ、元型的な実体です。それは次の二つの方法で示されています。まず、彼らが太陽と月の上に立っていること。第二に、彼らは王族であり、それは冠と宮廷服とによって表されていること。太陽と月の上に立っているという事実は、ソル〔太陽〕とルナ〔月〕が人間意識に反映される様子を表しているといってもいいかもしれません。同時に、ソルとルナとは、錬金術の象徴体系一般の光に照らして理解すると、対立物のペアすべてを指すものということになります。

46　以下を参照。Edinger, *Anatomy*, chap. 7, "Separatio."〔『心の解剖学』第7章「分離」、岸本寛史・山愛美訳、新曜社、二〇〇四年〕

二体の天使の存在を示す「受胎告知」
（ジョヴァンニ・ディ・パオロ、シエナ派、1445年頃 ワシントンDC、ナショナル・ギャラリー蔵）

鳩はここではとても興味深い現象です――明らかにその鳩はその後に続くドラマ全体を扇動するものです。それは、エデンの園で蛇が果たしたのと同じような役割を演じているのではないかと見ています。すでに述べましたが、受胎告知はこの絵と並行しています。そこで関与していたのは聖霊の鳩でした。私の受胎告知の象徴体系に関する話を聞かれた方は覚えていると思いますが、その象徴体系は、エデンの園における誘惑と明確な類似があります。[47] 受胎告知における天使のような存在（上のディ・パオロの絵に見られるとおりです）と、エデンの園におけるそれとは、同じ心理学的現実が二通りの現れ方をしたものです。ここにある絵2も同じです。

鳩が象徴的に指しているものは主に二つあります。一つは聖霊、もう一つはアフロディテの鳩。ですから、象徴的には、これらの二つの異なる側面が、一つのパラドキシカルなイメージの中で一緒に置かれています。それは、対立物の結合そのものです。アフロディテによるインスピレーションと聖霊によるインスピレーションとは、普通は同一のものとはみなされませんけど！

心理学的にこれが意味するのは、結合の始まりは、熱烈な欲望によって始まる、ということです――アフロディテは欲望の母です――そして、この欲望は、同時に、聖霊による受胎告知でもあるのです。鳩が星から降りてきている事実は、それが個人を超えた、宇宙的な自己からのメッセンジャーであることを示しています。

おわかりのように、欲望は快楽を予感させる対象へと私たちを駆り立てますが、受胎告知は、困難な仕事を割り当てるもので――それは一つの作業《オプス》です。それら二つは実際には同じことであり、そのいずれかをどのように体験するかは、心理学的な発達の水準によります。

若い間は、比較的自由気ままに欲望に従いますが、それも体験がより良い道を教えてくれるまで

47　以下を参照。Edinger, *The Christian Archetype*, pp. 23ff.〔『キリスト元型』岸本寛史・山愛美訳、青土社、二〇二一年、pp.20-〕

聖霊が鳩となって降臨する「受胎告知」(ベリー公ジャンの「美しき時祷書」より、メトロポリタン美術館、クロイスターズ)

のことです。個性化の過程で、自分のリビドーに意識的に従うことは重い仕事となり、一つの作業となることを学びます。そしてこの絵では、自我と個人を超えたリビドーとの関係のこれら二つの側面が、鳩というイメージの中で一つになっています。仕事と遊びが一つになったものといえるかもしれません。

これらの絵を取り上げるのに三つの方法があると私が言ったのを覚えておられるでしょう。個人の中のプロセス、二人の間の関係性の中のプロセス、そして集合性の中でのプロセス。

私が興味深く思うのは、古代ギリシア語の文法でも三つの数があったことです。古代ギリシア語を習うのが時代遅れになってしまったのは不思議ではありません。単数と複数形を学ぶだけはなく、双数形も覚えなければなりません。ですから、単数、双数、複数の三つがあります。一人のことを指しているのであれば単数形を使います。二人の場合は双数形を使います。三以上の場合に複数形を使います。言葉が初期の発達において結晶化していく様は、心の現象学の表現でもあります。だから、このギリシア語の文法構造は、私がここでしていること――これらの絵を単数、双数、複数という三つの様式で解釈すること――と同じことのうちの一例なのです。一というのは一人です。二は同伴者、三は大勢です。

もう一つの特徴を思い出していただきましょう。鳩が表すリビドーの活性化は、ポジティヴにもネガティヴにもなる、つまり、惹き付ける力にも嫌悪にもなる。敵意はまさに結合も促します。愛よりも強く促すことさえあるでしょう。愛と敵意とは同じ現象の二つの側面であって、そのことはギリシア神話によく表されています。戦の神アレスと愛の神アフロディテは恋人でした。

絵2を三つの異なる視点からどのように理解できるか考えてみましょう。個人の中のプロセスとしては（心理学的には完全に正確な言い方ではありませんが、というのも、これらのことは非常に流動的で変化しますから）、一つの考え方として、少なくとも部分的には当てはまることがあると思いますが、〔絵の中の〕男性の人物像の方が男性の自我を表象し、女性の人物像の方が女性の自我を表象するという見方をします。これらの人物像を心理学的なプロセスと同一のものと考えることを勧めるわけではありませんが、そうすることがあるというのも事実です。そのような同一化をしてしまうと、後でその間違いに気がついて考えを改めなくてはならなくなります[48]。

その考えを心に留めた上で、個人という観点からは、その絵は、次のようなことを言おうとしていると思われます。つまり、自我は、アフロディテと聖霊に刺激されると、強い感情的な焦慮に捉えられ、アニマやアニムスに由来するようなものを欲望したり、嫌悪したりすることになる。アニマとかアニムスは私たちの情熱的な欲望が人格化したものです。それらは無意識への通路だからです。それらの人物像は、「そっちにいけ」とか「ああ、それはひどい」などと言うでしょう。この観点からは、絵2は、ポジティヴあるいはネガティヴな欲望の感情によって扇動された初期の段階を表すものといえるでしょう。個人だとこんな状態です。

二人の間の関係とみなすなら、相手となる人への愛情もしくは憎しみの情熱に捕えられた状態にある人を表した絵だとみなせるでしょう。それは、取り込むにせよ破滅させるにせよ、その人に触れることへの最初の動機となります。いわゆる愛している状態での相手への行動は、その基礎に、取り込みたい、征服したい、食べ尽くし呑み込みたいという欲望があることは、皆さんもよくご存知でしょう。

三番目の見方では、社会的集合的なものの中でのプロセスとして、その絵は、相互に直面するよう動機付けられた二つの集団、あるいは党派を表象するものといえます。そのような事態になる時はほとんど常に、敵対関係となります。一つの集合体の中で二つ以上の集団の間に愛し合うような関係を見ることはあまり多くありません。それで、最初の出会いは、破壊を意図した出会いとなります。それにもかかわらず、対立物を、相手を破壊したいというこの欲望は、無意識的な結合への焦慮に由来するものなのです。

私は窓の外に現れ続けた鳥のことを思い出します。その鳥は窓に映った自分の姿を見つけると、それを残して立ち去ることができません。窓に映った姿に向かって攻撃し、それへの執着は驚くべ

48　以下を参照。"Psychology of the Transference," *Practice of Psychotherapy*, CW 16, par. 469.〔『転移の心理学』林道義訳、みすず書房、pp.123-5〕

きものでした。それが何週間も続いたのです！　その鳥は、第二の鳥の存在に耐えられず、そして私はこの絵のことを思いました。でもその行動は、結合のイメージに由来するものです。第二のものを消し去りたいという欲望は、合一を取り戻したいという欲望なのです。

私は、たとえば、あらゆる勢力拡大を、結合のイメージに由来するものと理解します。それが誤っているのは、自我中心的だからですが、それがアレキサンダー大王に推進力を与えたものだと思います。大王は一つのヴィジョンを持っていました——非常に未熟なものですが——一つの世界というヴィジョンです。そして、それは自我との同一化という形で行動に移されましたが、彼が仕えていたのは元型的な原理だったと私は想像します。

このイメージは、しばしば夢にも現れます。二人の人物像が夢で出会い、いくぶん表面的な最初の出会いをします。たとえば、自我と影との出会い、あるいは場合によっては自我とアニマもしくはアニムスとの出会いとか、自我以外の二人の人物像の出会い。しかし、最初の出会いは、四六時中起こっています。

絵3　行為のために脱ぐ

ここでは先ほどと同じく太陽と月の上に立つ、冠をかぶった二人の人物がいますが、今度はその衣服が取られています。そのつながりの性質も違うものになっています。無意識的なつながりを意味する左手の握手ももはや見られません。その代わりに、それぞれが互いに花を持ち、それによってつながっています。鳩はまだ上部にいて、もう一つの花を持ち、他の花と交差しています。星はなくなり、星が大地に具現したもの、六弁の星形の花に置き換わっていて、それが二つの人物像をつないでいます。

花は主として、動因となるエネルギーのエロス的な側面を指すと私は考えます。夢では、花は一般的に、主に二つの意味（idea）を指しています。一つの花が強調される時は、それはしばしばマンダラのイメージです。というのも、花は自然のマンダラだからです。もう一つの意味は、花は自然が惹きつける能力を表すというものです。それらは美の顕現であり、誘惑するものです。おそらく、目的論的な観点からみれば、それが、植物が花をつける理由です。花は生物をひきつけ、自分の目的に役立てます。ですから、心理学的に考えると、花が表すのは美しいおとりであり、それを無意識が自我に差し出して自我を個性化のプロセスに惹きつけるのです。それがヴィーナスのハエ取り器でないことを願います。

この絵では、新しいものが加わりました。言葉です。絵1にも言葉はありましたが、それは現実から遊離したものでした。なぜなら、それを読み取る人間の意識がありませんから。ここで、三つの像のそれぞれが言葉を発しています。言葉を持ったのです。これら二つの対立物の出会いに、何

PHILOSOPHORVM.

ſcipſis ſecundum ęqualitatē inſpiſſentur. Solus enim calor tēperatus eſt humiditatis inſpiſſatiuus et mixtionis perfectiuus, et non ſuper excedens. Nā generatiōes et procreationes rerū naturaliū habent ſolū fieri per tēperatiſsimū calorē et ęqualē, vti eſt ſolus fimus equinus humidus et calidus.

D

絵3　行為のために脱ぐ

か意義ある変化が生じたことを、これは示します。巻物にあるソルの言葉は「おお、ルナ、私はあなたの夫になろう」、ルナの言葉は「おお、ソル、あなたの言葉に従いましょう」、そして鳩の言葉は「霊《スピリット》は一つにまとめるものです」。同じ絵の別のヴァージョンでは鳩の言葉はこうなっています、「霊《スピリット》は命を与えるものです」。

さて、既に述べたように、左手はもう触れていません。そして星は消えました。私の理解では、初めの二つの絵にあった六芒星は、上部の領域から、二人の人物像の間の空間へと移された。そして、二人の人物像と鳩の間にある空間に、六つの尖りを持つ形ができました。この六つの尖りを持つ形は既に絵2ででき始めていたのですが、まだ完全にはつながっていませんでした。左手は握手でつながっていたからです。二人の人物像は、この六重のつながりには完全には専心していなかったのですが、今は完全に専心しています。

このことは、私には、星という個人を越えたあるいは宇宙的な次元を示すものが、ソルとルナとの間の関係の中に布置されたということを示唆しているように思えます。これは神の受肉に相当することで、個人を超えた内容がこれら二人の人物像の関係という器に降りてきたのです。神イメージImago Deiが人間の領域に下りてきたということもできるでしょう。

これに関するユングの言葉を『ヨブへの答え』から二箇所引用しておきましょう。

哲学者の息子の誕生の地としての、錬金術の「黄金の花」、赤と白の薔薇
（「リプリーの巻物」、1588 年）

あらゆる対立物は神のものであり、それゆえ、人間はこの重荷を引き受けなければならない。そしてそれによって、人間は神が「対立性」を携えて乗り移り、受肉したと気づく。人間は容器となって、神の葛藤で満たされる。[49]

神は人間の無意識から働きかけて、人間の心が無意識から曝されている逆の作用を調和させて一つになるよう人間に強いる。[50]

それでは、絵3が体験の三つの様式という点で何を意味するかを考えてみましょう。最初に個人の中では、対立物が布置されて、意識的にそれに関わり、特定の試みに専心してきたということを示します。たとえば、何らかの欲しいものを追い求めることに専心することでもいいです。欲しいものとは、人であったり、車であったり、仕事であったり、大きなものだったり小さなものだったり。それは、ある種真剣なやり方で、無意識と取り組んでそれとともに進む、という決意を表します――これらの『薔薇園』のイメージの重要性は場合に応じて様々です。しかし、ポジティヴであれネガティヴであれ、強い感情に従うことへの専心を表すものです。ですから、絵3では、絵2で無意識的な焦慮として表されていたものが、意識的な決定になっているのです。左手の無意識的なつながりは終わったのです。

関係の中で進行するプロセスとしては、二人の関係ある者が、そのペルソナを脱ぎ捨てて互いに接近を始め、ユングが「裸の真実」[51]と呼んだものによって互いに近づいています。両者が関係を追い求めることに相互に専心していて、絵2でみられたような戯れの恋のような関係ではありません。心理学的な親密さが始まって、第三のもの、個人を超えた星が、両者の間に布置しています。それは何らかの形で、よかれ悪しかれ、生き延びるでしょう。

集合の中のプロセスとして考えると、二つの対立する党派が自分の敵対心を率直に明らかにした

---

49 *Psychology and Religion*, CW 11, par. 659.〔『ヨブへの答え』林道義訳、みすず書房、一九八八年、p.85〕

50 Ibid., par. 740.〔同、p.137〕

51 “Psychology of the Transference,” *Practice of Psychotherapy*, CW 16, par. 452.〔『転移の心理学』林道義訳、みすず書房、pp.99-100〕

ことを示唆します。上品なペルソナは取り去られます。互いに自分の本当の態度を明らかにして、戦争の予感が高まります。

この種のイメージは、夢にはとてもよく現れます。夢で裸になることはとてもよくあることなので、何年も前にコマーシャルの素材になったほどです。「私はメイデンフォーム〔商標〕のブラをつけた夢を見た」――しかも公衆の面前でです。とてもよくあることですが、そのようなイメージは誤ったペルソナをつけていると言っていて、その夢を見た人が意図せず浴槽の水を目指していることを示します。自分が何をしているか分かっていないのです。そのような夢は、夢見手に「ちょっと待ちなさい、本当にこのプロセスに着手するつもりなのか、それとも、何かの間違いでうっかりそうしてしまったのか。もしそれが間違いならもう一度服を着なさい」と注意しているのです。

しかし、夢の中の裸のイメージが、心理学的な誠実さを意味することもあります。見せかけの仮面はすべて取り去って、プロセスは本格的に進み始めます。

絵4　浴槽への降下

さて、ここにある絵の浴槽は、水で満たされています。浴槽は六角形をしているので、星の六重

ROSARIVM

corrũpitur, neq; ex imperfecto penitus ſecundũ artem aliquid fieri poteſt. Ratio eſt quia ars primas diſpoſitiones inducere non poteſt, ſed lapis noſter eſt res media inter perfecta & imperfecta corpora, & quod natura ipſa incepit hoc per artem ad perfectionẽ deducitur. Si in ipſo Mercurio operari inceperis vbi natura reliquit imperfectum, inuenies in eo perfectionẽ et gaudebis.

Perfectum non alteratur, ſed corrumpitur. Sed imperfectum bene alteratur, ergo corruptio vnius eſt generatio alterius.

Speculum

絵 4　浴槽への降下

の性質と花の並びに見られた六重の性質は、泉というさらに低いレベルでも繰り返されています。王冠を被った裸の王と王女は浴槽の水の中に座っていて、再び鳩がいます。

出会いはさらに進み、二人の人物は今や彼らが握っている花だけでなく、水を媒介にしても一つになっています。相互的な溶解 solutio の状態が始まりました。

溶解は、主要な錬金術のイメージであると同時に、心理学的にもきわめて重要です。この象徴体系に関する基本的なイメージは、水の中を泳ぐ、入浴する、シャワーを浴びる、あるいは溺れる、溶けるといったようなものですが、そのプロセス、つまり水による厳しい試練を経る洗礼や若返りも含まれるでしょう。溶解は無意識への降下のイメージであり、固くて秩序ある自我の構造を溶かすものです。[52] 錬金術師にとって溶解は、分化された物質が、分化される前の状態、第一質料に戻ることを意味しています。水は子宮と考えられ、水に入ること、つまり溶解は、再生のために子宮に戻ることと考えられていました。例えばあるテクストの中で、老王は水に溺れるという溶解を甘受してこう言っています。

　このやり方以外では余は神の王国に入ることはできない。
　そしてそれゆえ、私はもう一度生まれ変わるために
　余は母の胎内に身を沈め

第一物質の状態に身を置いて、溶解に身をゆだねよう。[53]

さて、この二人の人物はこれと同じ作業手順《レシピ》を歩んでいます。次に示すのは『アルテピウスの秘密の書 The Secret Book of Artephius』から引用したものですが、そこには錬金術の溶解の別の作業手順《レシピ》があります。

それからソル〔太陽〕とルナ〔月〕を私たちの溶解水に、親和的でなじむ溶解水に、溶解せよ。そしてその次に、自然の中に溶解せよ。それは、子宮、母親、始原、生命の始まりにして終わりであるから。そしてそれこそがまさしく、彼ら〔ソルとルナ〕がこの水の中で良きものになり、刷新される所以である。自然のようなものは、自然のようなものの中で歓喜するからである。…こうしてあなたは、血族あるいは同じ種に入ることが求められる。…そして、ソルとルナは彼らの母であるこの水にその起源をもっているので、彼らは再びその中、すなわち、母の子宮の中に入ることが必要であり、再生するか再び生まれるかして、より健康に、より高貴に、

52 以下を参照。Edinger, Anatomy, chap. 3, "Solutio."〔『心の解剖学』第3章「溶解」、岸本寛史・山愛美訳、新曜社、二〇〇四年〕

53 *Mysterium Coniunctionis*, CW 14, par. 380.〔『結合の神秘II』池田紘一訳、人文書院、二〇〇〇年、p.39〕

より強くなる必要がある。[54]

浴槽の中の王と女王のイメージや、このテクストに見られるようなソルとルナの溶解はどちらも錬金術師たちにはよく知られた化学的事実を指しています。彼らにとって、ソルとルナ、つまり太陽と月は、金や銀という金属を指します。錬金術師たちは、対立物を表現しているこれら二つの金属を、何とかして一つにしようという考えに心を奪われていました。それではどのようにしてそれらを合わせるのでしょうか？　それらを合わせる一つの方法として、錬金術師たちは水銀と合金にする方法を発見しました。そうすることで合金、金と銀が混ざり合って一つになったものができるのです。

化学的見地から見れば、それがこの絵が示していることです。つまり溶かされるために、金と銀は水銀の泉の中、液体の水銀の浴槽の中に浸されています。これは実際に実験室の中で起こる化学的なイメージですが、もちろん、錬金術師たちがそこに投影した豊かなファンタジーはすべて、無意識の中で起こっている心理学的プロセスの表現なのです。

絵4は、神秘的融即の一つのイメージです。作業手順《レシピ》が示すように、金と銀はともにもともと母の子宮から生まれ、母の子宮は水銀の泉に相当します。もともと対立物は、無意識の母胎から分離され、区別されたのですが、今は逆の方向に向かい、子宮へと回帰し、原初の状態にもう一度沈ん

金（ソル）と銀（ルナ）の泉の上に立つ乙女座のメルクリウス
（トマス・アクィナス（仮名）、『錬金術について』、16 世紀）

でいくのです。そして作業手順はそのことをとても誘惑的な言葉で語っています。「私たちの溶解水、親和的でなじむ水」と。彼らは良いものになり――柔らかくなり――そして、溶けながら、歓喜する。そんな感じです。

ところでこのことは、心理学的には真実であるともそうではないとも言えます。なぜならそれは自我発達のレベルによるからです。この問題ではエーリッヒ・ノイマンが大きな貢献をしています。というのは、ノイマンは、太母との融合や溶け込みという現象の多様な側面を、非常に見事なやり方で丹念に研究したからです。『意識の起源史』の中でノイマンは、太母と同一化する溶け込みと溶解が、これは水銀の泉に入ることと同じですが、自我の発達レベルの違いによって異なった体験になることを指摘しています。[55]

かなり未熟な自我にとっては、分離した存在になるという辛い体験を免れられるのは至福です。それゆえ、母なる泉に飛び込み、分化された状態を失っても、この上ない喜びとして経験します。これは一種の忘却のエクスタシーなのです。しかしながら、自我がもう少し発達すると、自律的な存在になることは、いかに価値がありかつ危険なことであるかに気づき始めます。そうすると、未分化の溶解された状態に戻る気配を感じることは、存在が無くなる恐怖として体験されます。その時の水銀の泉は、むさぼり喰う怪物の呑み込む口といった様相を帯びます。分離した存在としての自我を価値あるものと考えられるほど十分発達した自我は、怖くてその体験から逃げ出すでしょう。

ノイマンはこのことについてずいぶん見事に詳述していますが、それが絵4の中で問題になっていることです。

質問：逆もあるのでしょうか？　成熟した自我は、そこから出られるということを知り、一瞬至福の状態になることができますか？

重要なのは、誰しも、わずかな「至福」の要素が入る隙間のないほど完全に成熟した状態には決して達しえないということです。言い換えれば、心《サイキ》は混合物で、ただ一つの実体からなるものではなく、いろいろなものが混ざり合ったものなのです。しかしながら、各段階について話す時には、実際よりもきちんと分離しているものとして話さなくてはなりません。

質問：温かい浴槽にカップルが浸かっているというようなこの絵は、とても幸せな絵です…が、その反対についてはどうなのでしょう？　愛の側面についてだけ話して来られましたが、そこには

54 In *The Lives of the Alchemistical Philosophers*, pp. 145-146.
55 *Origins*, part I, sections A and B.

溶解の錬金術的イメージ
上：洗濯をしているところ。下：浴槽に浸かる王と王妃
（J.D. ミュリウス、『改修哲学書』、1622 年）

敵意もあるのでしょう。

その通りです。三つの視点からそのことについて考えてみましょう。まず、この絵が個人の心の中で生じるプロセスを表現していると考えるなら、飛び込みは無意識の中になされたという意味になります。個人は激しい欲望の対象を抱擁し、それとの融合のプロセスが始まったのです。これは一般的には肯定的な形で体験されます。否定的な側面が意識に現れてくるのは、少し後の絵になってからです。否定的な面ですが、普通これは個人の中ではかなり幸せな状況です。

質問：私の理解するに、それは時に愛として、時に戦いとして現れるように思います。この段階は夢の中で、――個人や二者、集団の形など――どのように現れるでしょうか。特に愛よりもむしろ敵意を伴う状況の時には。

同じです。いずれにせよ、自分の激しい熱情に同一化することは溶解なのです。

これを関係の中でのプロセスとして考えると、結びつこうとする動きは後戻りできないものとなっていて、二者は、融合や相互同一化の状態になり始め、神秘的融即に至るのです。

溶解のイメージ。渦に吸い込まれる王
（ミヒャエル・マイアー、『逃げるアタランタ』、1618 年）

濃密な人間関係のもう一つ重要な特徴が、絵4によく表わされています。この種の構図の中で、各人が利用できる可能性のある生得的な自己《セルフ》が、関係という容器の中に布置されているということです。この絵の中でそれが描かれているのは、六芒星が、六つの尖りを持つ花のレベルに下降し、さらにはるばる六角形の浴槽まで下降しているという事実です。このことは、双方が利用し得る超個人的な要素は、初めは関係の中に布置されていて、まだ個別化されてはいないということを示しています。その時パートナーの各人は関係の中で全体性を体験しますが、これはとても貴重なことです。

ご存知のように、それは単に否定的な溶解ではありません。なぜなら溶かされた同一性を包んでいる容器は、超個人的存在を表す容器だからです。そしてご存知のようにこれは平凡な現象であり、生涯続き得るものなのです。二人のパートナーが全体の半分ずつを作り上げているような結婚、個人の中にではなく、ペアの中に全体性が存在しているような結婚がいかに多く見られることでしょう。それでもうまくいくのです。そしてどちらか一方が亡くなると、もう片方もすぐに亡くなってしまう。それは、二人を包み込んでいた容器が壊れてしまったからです。この状況を絵にすればそうなるでしょう。まるで絵4でプロセスが止まってしまったかのようです。

第三の可能性は、この絵が集団の内部で生じるプロセスを表現しているというものです。さて、この場合は、二つの相反する集団は、後戻りすることのできない一線を超えて、宣戦が布告されました。戦争、競い合い自体は、先の六角形の浴槽と同じことを意味し、つまりそれは二者の間の関係と同じことを意味します。私はバガヴァド・ギーターの中の、アルジュナに対するクリシュナの反応をこのように理解しています。アルジュナは戦争が始まりそうなのに、戦いたくないのです。敵陣には、彼の親族が多くいます。彼は降参する方がよい、「私は親族の男と戦いたくはない」、と言います。クリシュナは、彼の戦車の御者に姿を変えて、戦うようにと教えます。アルジュナはついに戦います。[56]

それは難しい教えで、非常に難しいのですが、要点を言うと「そこに入り、戦え」というものです。その助言を理解するためには、とても大きな視点を持つ必要があります。そしてこのイメージは私たちにそのような視点を与えるのに役立ちます。結合の可能性が集合的な状況で存在する限り、個は、より大きな集合的なドラマの中で自分の役割を演じることにより、結合という目的に役立つのです。私はアルジュナの状況をこのように理解しています。なにしろ、それが書かれたのは紀元前六〇〇年頃です。その場合、運命によって、戦争という容器の中で結合が顕在化しているような時空間に入れられたならば、ただそれに従わなければなりません。

夢の中のこのイメージに関する限り、それはとてもよく見られることです。溶解に関する様々なイメージすべてに当てはまるでしょう。『心の解剖学』の中の溶解の象徴についての章全体が、この絵に当てはまります。基本的にそれは、無意識で濡れることを意味していて、そこにはさまざまな可能性があります。それは復活や再生を促進し、幸福や浄化の可能性を持っています。しかしそれはまた非常に警告的な意味合いを持ち、その中で溶解したり、溺れたり、死んだり、分散してしまったりする可能性があります。それは、問題を比較的短期の視点で見るか、長期の視点で見るかに依ることが多いです。

短期的観点からは、夢の中での溶解のイメージ――例えば洪水や大津波――は多くの場合非常に不吉です。しかし長い夢のシリーズを通して、そのような夢を振り返ると、それらは実は重大な発達段階を予告していたのだと分かるかもしれません。それらは、死と再生の体験の前兆です。もちろんこれは、前もってというよりは、後になって気づきやすいことなのですが。

絵5　合一、神秘の顕現

ここでは全く構図の異なる絵があります。前の絵に見られたような、見慣れたイメージを見ることはもうできません。二人の人物は完全に泉の浴槽の中へ沈んでしまい、水の中にいるので全く見えません。しかし、浴槽の壁に小さな窓が開かれていて、水面下で何が起こっているのか覗くことができます。それゆえ私はこれを「合一、神秘の顕現」と名づけました。なぜなら、実は私たちは、これを見ているべきではないからです。深みを覗き見ることは、神聖な神秘への冒涜です。

鳩はいません。もちろん星もありません。すでになくなっています。花の模様もなくなっています。太陽と月はまだあります。太陽と月は、その人物たちと一緒に沈みました。なぜなら、それらの人物は太陽と月の化身であり、彼らが交わりの状態にあるからです。

従って、これはプロセスの前半の完成を描いています。これから私はエレウシスの秘儀を思い出

56　『バガヴァッド・ギーター』の関連する物語は、第一の教え「アルジュナの落胆」から第三の教え「行動の規律」にかけて展開している。

CONIVNCTIO SIVE
Coitus.

O Luna durch meyn vmbgeben/vnd ſuſſe mynne/
Wirſtu ſchön/ſtarck/vnd gewaltig als ich byn.
O Sol/du biſt vber alle liecht zu erkennen/
So bedarfſtu doch mein als der han der hennen.

ARISLEVS IN VISIONE.

Coniunge ergo filium tuum Gabricum dile= ctiorem tibi in omnibus filijs tuis cum ſua ſorore Beya

絵５　合一、神秘の顕現
ルナよ、私の甘い抱擁に抱かれて／
私のように強く、私のように美しい顔でいてください。
ソルよ、人が知る限り最も明るい光よ／
それでも、雄鶏が雌鶏を必要とするように、あなたは私を必要とする。

します。ご存知のように、私たちはそこで何が起こったのかは正確には知りません。その秘密は非常に強固に守られているので、参入者が何を体験したのかは確信が持てません。しかしながら、偉大なるエレウシスの秘儀のハイライトで、聖職者と尼僧が深みへと降り、聖なる結婚《ヒエロス・ガモス》、合一を祝い、その後子どもが生まれたと考えるのが理にかなっています。その子どもはそれから、待ちわびる群衆のところに連れて行かれ、差し出されます。その子どもは小麦の穂です。これはデュオニソスの死と再生に由来しています。デュオニソスは、穀物の象徴との関連においてオシリスと重なります（一〇〇頁の挿絵を参照）。そのようにつなげると、図3で示した順番にうまく合います[57]。

　絵5の中で起こっているのはそのようなことです。さて、通常この段階は意識的に体験されません。普通、窓はありません。それは生きられてはいるけれども、体験されてはいないのです。このサイクルが始まっても、多くの場合――人間の歴史において無限に繰り返されていますが――、絵5から絵1へと短絡して、再び初めから繰り返されるのです。

　ご覧のように、欲する対象に達したとしても意識は増大しません――そのことは十分に分かっているでしょう。それはいかなる意識ももたらさないのです、全くもたらしません。私たちはただ満足して、再び初めから繰り返すのです。それゆえ、ふつうは、この絵5に見られるものは、黒い幕

57　本書六一ページ図3を参照。

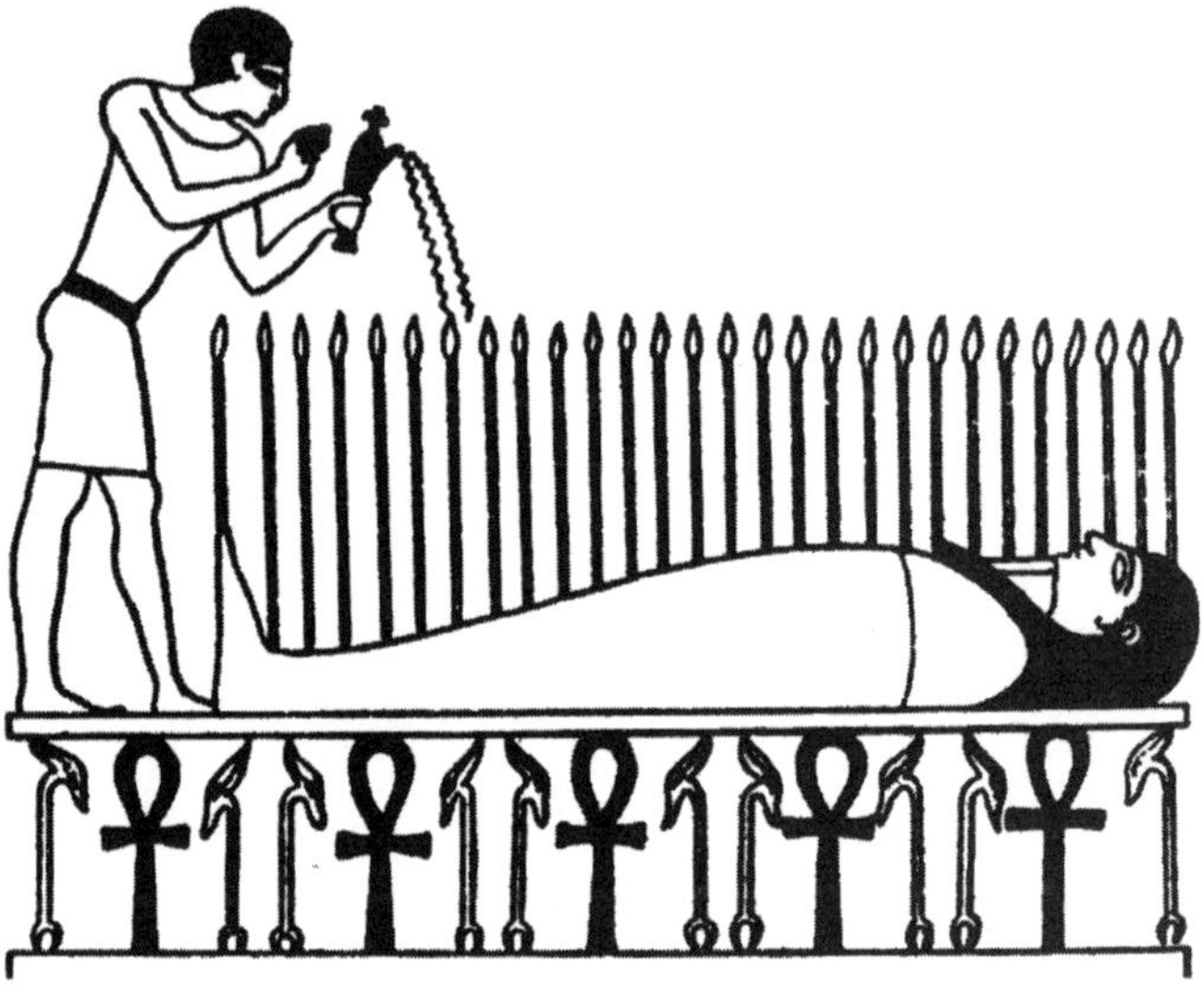

オシリスの死体から生える穀物
（フィラエの浅浮彫りから）

に覆われていて、サイクルはそれ以上進みません。そして私はこれが多くの場合、人生前半のあるべき姿であると考えています。

しかしながら、そのようにはならない時が来ることがあります。幕が裂かれ、扉が開き、心理学的に現実に生じていることをちらりと見てしまう。そしてそれは、対立物がどのように作用するかを垣間見ることを意味しています。いったん見てしまうと、それは決定的に恐ろしい衝撃となります。これまでの自分と同じではありえない。それゆえに絵1に戻るという短絡はもはや生じません。つまり、いわば、もはや生まれたままの愚者ではないのです。シェークスピアの言葉だったと思いますが、いずれにしてもシェークスピアらしい言い方ですね。

それが個人の中でのありようです。関係性という観点から見れば、二人のパートナーが相互同一化の完全な状態に達したことを示しています。ここで言及しているのは、元来具体的な性のことではないでしょう。むしろそれは、性が心理学的に象徴しているものについてでしょう。すなわちそれは心理学的に一つになっている状態であり、そのことは前の絵について話した時に仄めかしておいたことです。これはその合一の絶頂期でしょう。

この行動が水面下で起こっているということは、その無意識的な性質を示しています。このことは一面的な太陽の意識にとってかなり危険であり、『薔薇園』の中でそれに並べて置かれている絵は危険を示しています。それはライオンに呑み込まれている太陽の絵です（次ページ）。本能的なレベルが優勢になっています。

集合的なものの中のプロセスとしては、絵5は、相反する二つの集団もしくは派閥が破滅的な抱擁に加わった状況を表しています。戦いが起こり、その結末は戦闘によって決められます。それが昔の正義の形態の一つであることはご存知でしょう。二つの派閥の間で、あるいは二人の個人の間で議論が生じる時は常に、その規模を問わず、戦闘による試練に委ねることができました。誰であれ勝者には神が味方したはずだという考え方です。国際レベルのものから国家レベルのものまで、またはるかに小さい組織に至るまで、あらゆるレベルのほとんど全ての集合的な機能に、この心理学のテクニックがいまだに働いています。戦闘による試練が、結果を決定します。

太陽を呑み込む「緑のライオン」
(『哲学者の薔薇園』1550 年)

通常これは中断、短絡の場となり、段階6へ進むことなく段階1へと戻ることになります。これは正常な自我の発達に相当し、そこでは成功や成就が失敗よりはるかに勝ります。そしてそれは一連の満足を意味しており、満たされる体験は自我発達を促進し、欲しいものを得ることによって機能するある能力、一つの成功や一つの欲求から別のものへ向かおうとするある能力を促進するものの、これは意識のもう一つのレベルへと導くことはありません。人生前半の意識に導くだけで、後半の意識には導きません。そして人生後半の意識とは、後半の五枚の絵が示していることにほかなりません。

このイメージがどのように夢に現れるかについて、少しお話しなくてはなりません。夢の中の交わりのイメージはどのように解釈するのでしょうか？　最も一般的には、それは自我とアニマ、アニムスとの間で起こる親密な状態と関連があり、アニマかアニムスかは、男性性の自我を扱っているのか、女性性の自我を扱っているのかに依ります。

夢見手が異性と交わっている夢を扱う時にはいつも私は、前日に何があったのかすぐに尋ねます。私は、アニムスの攻撃あるいはアニマの雰囲気を探します――どちらをさがすかは夢を見ている人が女性か男性かによります。なぜなら、このような夢は常にそのことを示しているからです。それらは、アニマやアニムスとの不義の関係について言及しています。

しかしながら、ご存知のようにこのような関係は結合の一側面です。それが不義であるのは、自我がそういう基準を設けているからにすぎません。それは溶け込みの例であり、自我が無意識の人物と溶け合っているのです。アニマやアニムスの雰囲気にいる時、その人の適応レベルは幾段階か落ちるので、ほんの短期間だけ、批判を受けやすいのです。このような体験の価値は、体験がなされたことです。つまりそれは、アニマやアニムスの性質に気づく始まりとなる可能性があり、その後、結合を意識的な体験へと変容させるのを促します。もし自我以外の二人の人物が交わっているのであれば、それは全く別の意味になります。そうなるとむしろ、対立物が結びつくことに関係があります。

質問：数字の6の意味について何か語ってもらえませんか？

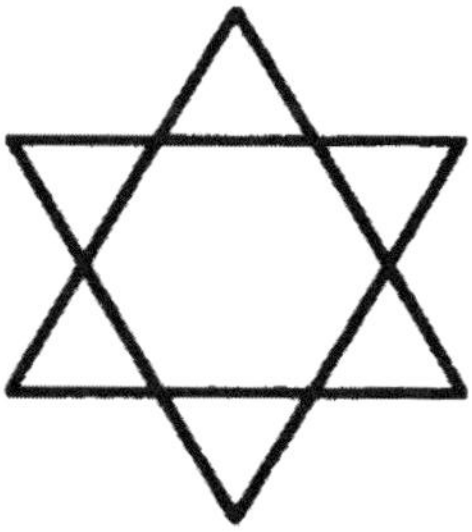

6は、整数の数列の中で、三という数字が二回目に現れてくる数です。幾何学的には二つの三角形、上向きの三角形と下向きの三角形を重ね合わせることで表されます。錬金術の象徴において、下方に頂点が向いている三角形は水を、そして上方に頂点が向いている三角形は火を表します。二つが一緒になると、対立物が一つになることを表します。

6はまた婚姻の数字であるとも考えられます。なぜなら、火と水という二つの三角形が、6つの頂点を持つ図形の中で一つになっているからです。私は、主にこのことがこの一連の絵の中の6という数の象徴に関連していると考えています。[58]

質問：絵5のような夢で、もし二人の人物が同性であるならば、どうなのでしょうか。

もし彼らが同性であるならば、それは自我と影とが統合することを欲しているということを意味しているでしょう。そのようなことがまだ生じていないので、無意識がそれをせっついているのです。それは潜在的な統合のイメージです。

質問：初めの絵の月は三日月でした。絵5では、月は満月です。これは重要なことなのでしょうか？

考えてもみませんでしたが、それは面白い着眼点ですね。しっくりきますね。水中に下りていくと、あなたは月の領域の中にいることになります。ですから当然月は満月になるでしょう。良い指摘ですね。

「月の霊薬」
（ヴァチカン古写本 1458、17 世紀）

58　6という数字のさらなる拡充については、"Psychology of the Transference," *Practice of Psychotherapy*, CW 16, par. 451, note 8〔『転移の心理学』林道義訳、みすず書房、pp.216-7、註8〕を参照。

絵6　墓の中で

事態は根本的に単純になりました！　死体仮置場の台には一つになった死体があり、それがここにある全てです。神秘の顕われだと私が考えている絵の次にこれが続くことを思い出してください。そのように見ると、これは五枚目の絵で起こったことを目撃した結果を示しています。驚きのあまり死んでしまったのです。

さて、このことについては他にも多くの考え方があり得るでしょうけれども、特に、先に言及した対立物の観点から私が注意を払いたいのは、絵5、6が、対立物のダイナミズムの中を見てしまった結果を示しているということです。それがどのように作用するのか、いったん本当に見てしまうと、いわば打ちのめされてしまうのです。あなたが歩んでいる人生のプロセスからあなたは突然追い出されます。その衝撃には一種の心理学的な死の効果があります。いったん対立物の作用の背後を見てしまうと、もはやこれらの犠牲になることはないけれども、それと同時に、人生を通してあなたを駆り立ててきたエネルギーとの関係を失ってしまうのです。

それゆえ、それは文字通り殺し得る洞察なのです。それは、対立物を超えた視点と出会い、自我が深い傷――ことによると致命的な傷――を負う時に生じることのイメージです。なぜなら、対立物が一つになったり、人が対立物のメカニズムの背後を見たりする時、心の発電機は壊れてしまう

PHILOSOPHORVM.

CONCEPTIOSEV PVTRE
factio

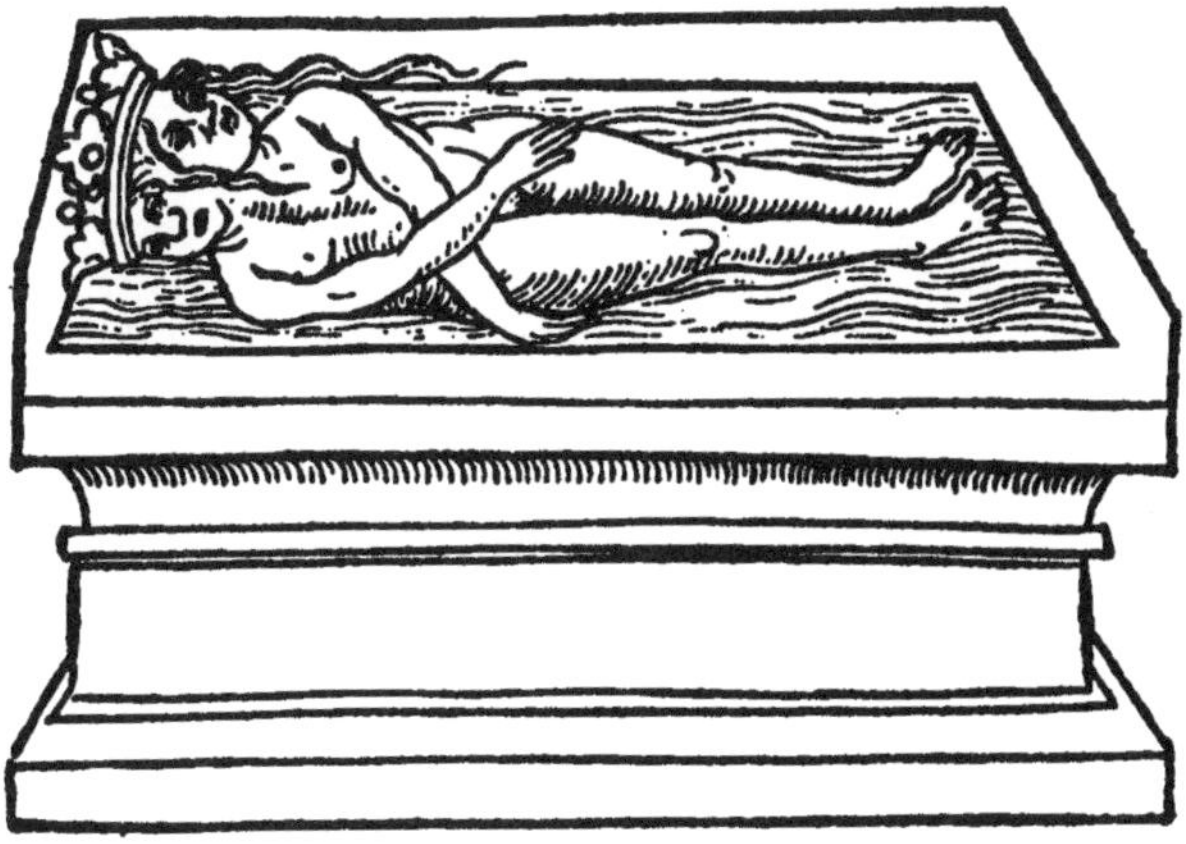

Hye ligen könig vnd köningin dot/
Die sele scheydt sich mit grosser not.

ARISTOTELES REX ET
Philosophus.

NVnquam vidi aliquod animatum crescere sine putrefactione, nisi autem fiat putridum inuanum erit opus alchimicum.

絵6　墓の中で
ここで王と女王は死んで横たわっている／
大きな苦悩を抱きつつ、魂は去っていく。

からです。少なくとも自我の発電機は壊れてしまいます。そうなると、生命の流れを維持する両極間のエネルギーの傾斜はなくなり、対立物は互いに相殺してしまいます。

典型的な錬金術の象徴の観点からは、これは殺のイメージです。[59]ほとんどの錬金術の作業は、規則的に順序良く行われるということはありません。きちんとした順序はないのが普通です。しかし、結合の後には殺が続くという一定の規則があります。もしその結合がプロセスを完全に終わりにする究極のものでなければ――もしそれが中間の、あるいは小なる結合であるなら[60]――次にはきちんと殺が続きます。そしてこの一連の絵においてもそれが起こっています。

周りを見回せば、その多くの例を見ることができます。それは結婚と死のテーマです。つまり、死がその後に続く結婚だったり、死神と結婚する者がいたり、あるいは何らかの形でその二つ〔結婚と死〕が結びついたり。[61]それは結合の後に殺が続くというこの元型的な連鎖の表現なのです。例えばトリスタンとイゾルデ、ロミオとジュリエットについて考えてみて下さい。元型的にいえば、恋人が死ぬのは典型的な宿命である、と言ってもよいくらいです。だから、もし恋人ができたら、致命的になり得る流れや危険に沿うような状態との同一化から少し離れて進む方が良いのです。

自己と出会った際の自我の死を表しているというのが、絵6のもう一つ見方です。これは、自我が対立物のペアの片方と完全に同一化していると、起こり得る類のことです。合一が起こる時、自我は一つになった対立物の宿命を体験することになります。対立物は、それらを超越する高次の全体性を生み出す途中で死にますから、もし自我がそれらの一方と同一化していると、その死の体験を共にすることになります。

オスカー・ワイルドはかつて、欲しいものが手に入らないよりも唯一悪いことは、それを手に入れることである、と述べました。[62] ご存知かもしれませんが、彼は自分の人生においてこの連鎖を実際に生き、その敗北が彼の心理を相当深めたのです。

絵6は、その場面に意識がもたらされたとするなら、欲望の投影を担う対象との合一の後に何が生じるかを示しています。以前に述べたように、多くの場合短絡が生じて初めの五枚の絵が繰り返されます。しかし、意識がその絵の中に入って来るならば、自分の欲しいものを手に入れても、それが自分の欲しかったものではないことを発見します。その結果、幻滅と死の感覚を持つことになるのです。

59 以下を参照。Edinger, *Anatomy*, chap. 6, "Mortificatio."〔『心の解剖学』第6章「殺」、岸本寛史・山愛美訳、新曜社、二〇〇四年〕

60 Ibid., p.211.〔同、p.249〕

61 ユングの生涯における例としては、以下を参照。Barbara Hannah, *Jung, His Life and Work: A Biographical Memoir*, p. 346.〔『評伝ユング――その生涯と業績1・2』後藤佳珠・鳥山平三訳、人文書院、一九八七年〕

62 実際の引用文は、ワイルドの戯曲『風葬の女』の第三幕にある。「この世には二つの悲劇しかない。ひとつは欲しいものが手に入らないこと、もうひとつは手に入れることだ」。(*Bartlett's Familiar Quotations*, p. 675)

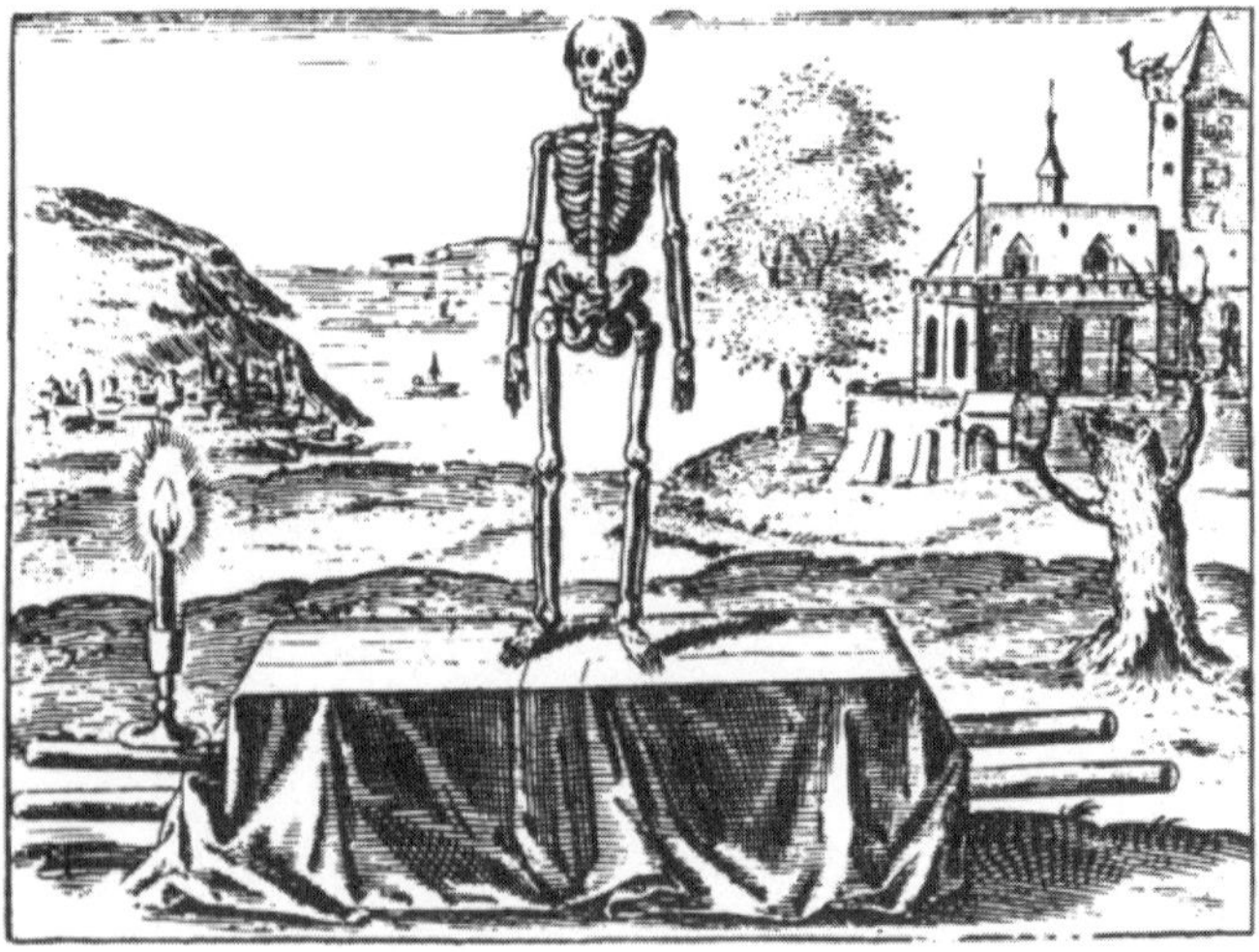

殺のイメージとしての骸骨
（A.E. ウェイト訳『ヘルメス博物館』より）

質問：投影が破壊された後には何が残りますか？

しばらくは何も残りません。もしその人の生命が、ある特定の外的な対象に存在していたならば、その人の生命やエネルギーは対象を離れ、それと関係のあるものは何も残りません。しかし失われた生命は場所を得なければならず、それはその中で再発見されます。投影は結合される可能性を持つことになります。

あるテクストにおいて、錬金術師たちは、死は賢者の石の懐胎（conception）であると述べています。[63] 賢者の石の発達が示しているのは、プロセスに必要な始まりです。もし絵10が賢者の石の絵と呼ばれるなら、絵6はその受胎、つまり第一歩です。そして受胎conceptioという言葉が、絵6の上に書かれています。この出来事の心理について、ユングはこう述べています。

> 常に無意識のうちに投影されていた内容物の統合は、自我の重大な傷を伴う。錬金術は死、切断、毒という象徴によってこれを表現している。[64]

それが絵6に示されていることです。

だから、より小さな実在である自我が自己に遭遇すると、致命傷に近い傷を呼び起こします。それは、原始的社会がより高度に発達した社会と出会った時に起こることと非常に似通っているように思います。

殺の象徴の様相について少し詳しく考えてみましょう。これについて言及している二、三の錬金術のテクストを挙げてみます。

63　例えば、ユングの以下のコメントを参照。"Psychology of the Transference," *Practice of Psychotherapy*, CW 16, par. 473〔『転移の心理学』林道義訳、みすず書房、p.128〕

64　Ibid., par. 472.〔同、p.128〕

ああ、暗黒への幸福の門よ、それはこの栄光の変化へと通じる、と賢者は叫ぶ。それゆえ、この技に専念する者は誰も、この秘密を知るためだけに学べ。これを知るということはすべてを知るということだが、これを知らないということは何も知らないということである。腐敗は、あらゆる新しい形態の生成の誕生に先んずる。[65]

腐敗は、殺の一側面です。それはただ一歩先に進んでいるものなのです。つまり、死んで、それから腐るのです。ここに、ある錬金術のテクストがそれについて述べています。

腐敗にはとても素晴らしい効果があり、古い性質を消してあらゆるものを別の新しい性質に変え、別の新しい実を結ばせる。生きとし生けるものは全て死ぬ、全ての死んだものは腐敗し、そしてこれら全ての死んだものは再び生命を得る。腐敗は、塩の腐食性のエキスからえぐみを取り去り、柔らかくて甘いものにする。[66]

これは逆説的な考え方です。つまり、腐敗は悪臭を放ち不潔ですが、甘くて柔らかなものをもたらすという考えです。

テクストにおいて最も頻繁に殺を経験するのは、王もしくはソルです。『薔薇園』のシリーズでは、ソルとルナに同時に起こります。男性にとっては、ソルは自我機能の元型的原理を表すでしょうし、ルナは女性にとって同じものを表すでしょう。ある段階で克服されなければならないのは、この種の自我中心性です。例えば、ユングは述べています。

> 自我中心性は、意識に不可欠な属性であり、特有の罪でもある。[67]

そして殺はその罪に対して起こり得る罰なのです。

私たちが話してきた様々な様式において、このイメージはどのように現れるのでしょうか？ 個人においては、それは自我が欲望の対象と結びつき、幻滅を体験する状況を描くでしょう。それは単に古い出来事に続いて生じるだけではなく、意識の新しいレベルが現れようとする時にやって来る、ある重大な経験なのです。その時、自分が欲しいと思っていたものを手に入れた後、ずっと間

---

65 Scholia to "The Golden Treatise of Hermes," quoted in M.A. Atwood, *Hermetic Philosophy and Alchemy*, pp. 126f.
66 Paracelsus, *The Hermetic and Alchemical Writings of Paracelsus*, 1: 153.
67 *Mysterium Coniunctionis*, CW 14, par. 364.〔『結合の神秘Ⅱ』池田紘一訳、人文書院、二〇〇〇年、p.24〕

違ったものを求めていたと悟ることには、啓示の効果があります。

　あるいは、それは全く逆のイメージになる可能性もあります。つまり、欲しいものを手に入れられなくて欲求不満になっているイメージです。そして、時が熟していれば、人はただその問題から離れてもっと青々とした牧場に狩りに行くのではなく、欲しいと思っていたものが手に入らない欲求不満の苦痛を十分に耐え忍ぶことを選ぶか、そうせざるを得なくなります。そのような敗北と殺のプロセスの中で、別のレベルの自覚に移ることになるのです。

　お分かりのように、いずれにしてもそれは敗北の体験です。もし、あなたが欲しかったものを手に入れても、結局それが欲しかったわけではないとわかれば、それは、手に入れられないのと全く同じです。ある意味、自分自身でそうしたのだから、いっそう悪いとも言えます。

　関係という点では、以前お話ししたように、心理的に溶け合った二人の人を表すものとして考えることができるでしょう。その人たちは溶け合うプロセスで、自らの分離した同一性を失い、その事実を知るのです。もし何が起こったのか理解できなければ、絵5を通過できません。しかし、もしあなたが、パートナーとの神秘的融即へと依存的に溶け合う状態の中で自分の同一性を喪失するという事実に気づけば、それは死として経験されます。つまりそれは、すでに起こっているのですが、それに本人が気づくまでは心に銘記されないのです。それに気づく時だけ、災害になるのです。しかしそれに気づくと、そのプロセスが継続され、次の段階つまり絵7から10に表されていることを生じるのが可能になります。

もし私たちが絵6を、集合におけるプロセスを表していると考えるなら、二つの集団の間の戦いは終わったと言えるかもしれません。戦いは絵5で起こり、終わったのです。問題は解決されました。おそらく両者はともに消耗しています、一方は勝者として、もう一方は敗者として。そして、もしプロセスが短絡することにならなければ、同じことが当てはまるでしょう。お気づきかもしれませんが、国家の歴史において、戦争で負けた国が、後で、勝った国より高水準の集合的な発展を遂げることがよくあります。とにかく集合体の中でこのイメージが現れてくるためには、敗北の体験も起こらなければなりません。もちろん、敗北した方に起こりやすいのですが、勝利を収めた国でも起こります。たとえば犠牲が多くて引き合わない勝利であったり、結局はその戦いは戦う価値がなかったと気づき始めたりすると、そういうことが起こるのです。

しかしながらこれ以降、集合的プロセスという観点から、この一連の絵をさらに辿ることはできないと感じます。できる人がいるかも知れませんが、ここから私にできるのは、それを個人の中のプロセスとして解釈することだけです。私は、集合的あるいは二者の解釈は絵6で尽きると思いますが、もし誰か同意されない方がおられたら喜んでお聞きしましょう。[68]

さて、絵6は夢の中でも稀なイメージというわけでは全くなくて、つまり、ある人物の死のイメージのことですが、それは、変容のプロセスを示すものでしょう。私はいつも、夢における死を、より大きな死のテーマの一部として理解し、再生は、ある夢の中ではっきりしなくても、後の夢で、遅かれ早かれほとんどいつも現われてきます。

しかしもちろん、死ぬ体験をするのが夢見手である時、そのイメージは強烈な印象を与えます。それはよくあるわけではありませんが、稀というわけでもありません。そして私の経験では、それが決して文字通りの死を意味することはありません。むしろ、それは相当な態度の変化を意味します。その変化は、無意識が死によって表現しなければならない程大きなものなのです。つまり、自我とその支配原理が修正されるか、変えられるかして、それが現実の死と感じられるくらいなのです。

質問：絵6の生気のない存在の両性具有的特徴についてコメントしていただけますか？

ユングがこのテーマについて述べていることを繰り返しておきましょう。彼の経験における実際の臨床素材の中で、――私自身の経験にも同じことが当てはまりますが――両性具有のイメージは、最終産物のイメージではありません。それはむしろ原初的な合成混合物、第一質料のイメージであり、分化の体験を必要としています。[69]

絵7　魂と体の分離

さて、事態は再び少々複雑になります。より多くの要素が絵の中に入り込んできます。前と同じ石の死体仮置台があり、その上には一つになった死体が横たわっていますが、さらに、小さな人物が死体から出て昇り、墓の上に現れた雲の中にいます。

これは、死の瞬間に体から分離する魂という古来のイメージの描写です。その場面が、いくつかの古いテクストの中で、例えばホメロスによって、非常に生き生きと描かれています。個人が亡くなる時、見守っている人たちは、小さな煙のようなものが死につつある体の口から出て昇っていくのを実際に見ていると考えていました。そして、それは死の瞬間に体から分離した魂であると理解されました。もちろんそれは呼吸と関連があるものと考えられました。なぜなら、息を吸ったり吐いたりするのは魂がまだ体の中にあるという証拠だからです。つまり、呼吸が止まる時、魂は体から出るのです。私は、死を目撃して体を離れる魂の鮮明な感覚を持った人々が似たような経験を話

68　これは、対立物を意識的に内に抱えている個人が、関係や集団に帰納的な影響を与えないということではない。本書四〇 - 四二頁と以下を参照。Edinger, *The Mysterium Lectures*, lectures 23-24.

69　絵9に関するユングのコメントは、以下を参照。"Psychology of the Transference," *Practice of Psychotherapy*, CW 16, par. 494.〔『転移の心理学』林道義訳、みすず書房、p.148〕

ROSARIVM
ANIMÆ EXTRACTIO VEL
imprægnatio.

Hye teylen ſich die vier element/
Aus dem leyb ſcheydt ſich die ſele behendt.

De

絵７　魂と体の分離
ここで〔有機体が〕四元素へと分離し／
生気のない死体から魂が昇っていく。

すのを何度か聞きましたが、それは凪のような性質と結び付いたようなものであることが多かったです。

心理学的には、もっと細かいところで言えば、それは相当に大きな同一化や投影が崩壊する時に生じることと一致しています。心《サイキ》の断片が、具体的な体の容器から分離するのです。実際、心《サイキ》の断片を、銀行預金のように、外の環境の様々なものや活動や人々の中に預けている限り、私たち自身と私たちの外在化された心《サイキ》の断片との間に一種の呼吸のようなもの、つまり生命の自由な流れがあるのです。生命は続きます。つまり、人が興味を持ち活発になり、物事は流れていきます。

さて、もしある人の心《サイキ》の容器のどれかが死んでしまうと、その人は悲嘆の反応を体験します。なぜならその時同時にその人の自己の断片が死ぬからです。一種の分離が求められるのです。人は、亡くなってしまった人から自分自身の心《サイキ》の断片を取り戻さなければならない。そうしなければ、私たちも墓の中に引っ張られてしまうでしょうから。

私たちにとって人や物が心理学的に死んだ時にも――それは文字通りの死である必要はありませんが――、同じことが起こります。私たちを支えていた投影が弱まる時、そこには心理学的な死が生じます。私たちが慣れ親しみ、歩みつつあった人生は消え、失われた心《サイキ》の断片が戻って来るまでは、事実上死ぬことになります。絵7が表しているのはその種のプロセスです。

私は、このイメージの非常に印象的な夢の例に出会いました。何年か前、私はニューヨークからカリフォルニアへ引っ越しました。そしてこのことは、皆さん想像できると思いますが、私が携わっていた幾人かの患者に、ある混乱を生じました。私が二ヵ月後の引越しについて、ある患者に知らせようとしていた日、彼に告げようとしていたまさにその日に、彼は私のところに次のような夢を持って来ました。

私は次のような場面を見ていた。私はストレッチャーの上に乗せられた自分自身の死体を見た。それはまるでデモンストレーションのようだった。肉が私の足の骨から落ちた。それはまるで、鶏肉の身が骨から簡単に落ちるのを見ているようだった。私は自分で「あれは私の死体だ」と呟いた。すると声が「魂は体から離れるのに一時間かかる。魂がうまく出て行くまでの一時間、体がばらばらにならないようにしていることがとても重要である」と言った。

このコメントは、どうやら付添い人に向けられたものらしかった。そしてそれから再び、まるでデモンストレーションのように、雲のような、あるいは蒸気のような何かが口の中から外へ吸い上げられた。

現代の夢の中に古代のイメージが繰り返されています。

この夢は、私がまだ患者に告げていないことが関係しているのは明らかでした。そしてもちろん

「魂は体から出るのに一時間かかる」ので、物事は急ぎ過ぎるべきではないということを私に告げていました。一時間に対しての夢見手の連想は、分析の時間ということでした。このことだけが理由だったわけではありませんが、私はそれから一年ないしはそれ以上の間、ニューヨークとカリフォルニアの間を通い、徐々に分析を終わらせるよう準備をしました。それはうまくいきましたが、無意識がこのような深くて重要な夢を示し得るということに驚かれるのではないでしょうか。私にとって、その夢は、分析のプロセスがこの人にとって重大で死活問題であるという事実の証でした。

さて、『薔薇園』のシリーズにある四枚の絵、――絵6、7、8、9は、死、魂の分離と上昇、そして魂の帰還を示していますが――、それらは『結合の神秘』の長い最終章でユングが考察した結合の三段階と非常にはっきりと一致しています。これらの絵を十分理解するのに欠かすことができないと思うので、その章の内容を手短に要約したいと思います。

多くの錬金術のテクスト、特に錬金術師ゲルハルト・ドルネウスのテクストの助けを借りて、ユングは、錬金術の結合が実際には三段階において生じるということを示しました。これらの段階の骨子だけを述べましょう。[70]

第一段階は、魂《ソウル》と精神《スピリット》の合一であり、これは体と魂の分離と同時に起こります。これは、魂が体

70 詳細な議論に関しては、以下を参照。Edinger, *Mysterium Lectures*, lectures 23-27.

から分離し、その分離のプロセスで精神と合一するという二重の作業です。この段階はラテン語で心的合一unio mentalisと呼ばれています。これは単に、心が一つになるという意味ですが、結合の専門的な意味での第一段階、魂と精神の合一について話題にしているということを示すために、ラテン語を使いましょう。

結合の第二段階では、心的合一——魂と精神が結びついたもの——が体と再び合一します。それゆえ今や、魂、精神、体の合一があります。それが結合の第二段階です。

第三段階では、精神─魂─体の合一体は、一なる世界unus mundusと結びつきます。あるいは言うなれば、それは世界と一つになることであり、その際ユングが一なる世界と呼ぶものを生じます。それは単に「一つの世界」という意味です。

さて、『薔薇園』の後半の絵について言及されていることを理解するには、これだけでは十分ではありません。もう少し必要です。

第一段階は、体からの魂の分離です。そしてその時、この段階のもう半分——魂と精神の合一——が自動的に起こります。ユングはこれについて以下のように述べています。

〔精神と体が〕後に再び合一されるためには、精神は…体から分離されなければならない。これは「自死」と等しい。というのは、合一できるのは分離されたものだけだからである。…「混合物」の区別と分解が［ここに含まれる］。混合物の状態とは、体の感情状態が精神の理性に悪影響を及ぼすことである。この分離の目的は、精神を「肉体的な欲求と心《ハート》の感情」の影響から解き放ち、体という荒れ狂う領域の上位に位置するような精神的立場を確立することである。これは、最初は、パーソナリティの分裂をもたらし、単なる自然な人間に対して暴行を加えるものとなる。

この予備的な段階は、それ自体ストア哲学とキリスト教心理学の明らかな混合物であり、意識の分化には欠くことができない。現代の心理療法は、同じ手続きを用いて、感情と本能を客観化して意識と対立させる。[71]

ここで意味するものは、重要な結合の第一段階で、心《サイキ》の精神的《スピリチュアル》な極と肉体的な極の間の分離が完全になされねばならないということです。これこそが、この二〇〇〇年あるいはそれ以上の文化史において取り組まれてきたことだと言えるでしょう。つまりそれは結合の第一段階です。それは、ストア哲学とともに始まり、キリスト教が再び拾い上げました。ニーチェが非常に明確に述べたように、「キリスト教は人々にとってのプラトン哲学です」[72]。しかしながら、それらすべては、結合の

71　*Mysterium Coniunctionis*, CW 14, pars. 671f.〔『結合の神秘Ⅱ』池田紘一訳、人文書院、二〇〇〇年、pp.258-9〕

第一段階を完全に成し遂げるには不完全な努力でした。

それが成し遂げられると、人は「体からの影響」にとりつかれるのは免れます。つまるところそうなるのです。もちろん人は切り離され、この第一段階を描くイメージは首を刎ねるようなもので、あまり気持ちのよいものではありません。しかし、その段階が十分に達成されると、感情を抑えることができます。

次に第二段階が重要になります。――体と心的合一の再合一です。それは、前の段階で切り離さなければならなかったすべてのものを、新しい意識のレベルで再び取り入れなくてはならないということを意味しています。以前にやったあらゆることをしなければなりませんし、同じエネルギーを注ぐわけですが、以前とは全く異なります。なぜなら意識を伴っているからです。実際には、これらのエネルギーとその源は、死と再生を経て来たのです。それらは再生されたのです。まずそれらは殺されて、それから生まれ変わったのです。

結合の第三段階は、一なる世界との合一と呼ばれています。絵10のところで、もう少し話しますが、特にそれについて述べるのは私たちの能力を超えたことだと思います。というのは、それは全体性との合一を意味していて、本当に完全な意味においては、死の体験とのみ関係があるからです。

プラトンと言えば、死の本質についての、特に優れた言及を読んでみたいと思います。ここに古代ギリシア哲学者が死をどのように考えていたのかということが見られ、それは結合の第一段階の本質と深く関係しています。これは、ソクラテスがドクニンジンを飲み、拘置所で死を待っている時に話したものです。

体から魂を解き放ち分離するものが、私たちが死と呼ぶものではないのか？　…そして、魂を解放したいという欲望は主に真の哲学者において、あるいは彼らだけに見出される。実は、哲学者の仕事は確かに体から魂を解放し、分離することである。…人が一生涯を通じてできるだけ死んでいる状態の近くで生きようと自分自身を準備して来たのなら、死が訪れる時に悩むのは笑うべきことではないだろうか。

そして、ここに聞かせどころがあります。

真の哲学者は、死ぬことを仕事としている。そして、…彼らにとって、誰にもまして、死は少しも恐ろしくない…。もし、彼らが完全に体に不満を持ち、魂それ自身だけを持とうと熱望してきたのに［簡単に言えば結合の第一段階］このことが起こると、恐怖を覚え悩むとすれば、こ

72　*Beyond Good and Evil*, p. 3.〔『善悪の彼岸』中山元訳、光文社、二〇〇九年〕

れ以上の不合理はないだろう。生涯を通して憧れ続けてきたもの、それはつまり知恵なのだが、それを得るという希望があるところへ行くというのに、そしてわずらわしい関わりから解放されるというのに、それを喜ぶのは当然のことではないとでも？[73]

これは、自然、つまり体と本能に対立する精神的な極を打ち立てようとする人間的な努力全体の中でも驚くべき例です。つまりそれは、私たちのすばらしい文化的伝統に属し、結合の第一段階と関係があります。そして、心理学的には、投影の引き戻しが関係しています。投影が弱まる時に何が起こるかについてお話ししました。つまり、死が続くのです。

今、二つの新しいものが絵7に現れています。魂を意味する小さなホムンクルスと雲です。ユングはこのことについて『転移の心理学』の中で述べています。

このプロセスを心理学的に解釈していくと、科学的叙述の力がたとえどんなに偏見がなく容赦がないものであっても、その力を拒む内的体験の領域に辿り着く。この点において、科学的な悟性には不愉快なことであろうが、神秘という概念が探求者の心にしきりに浮かび上がって来る。ここで神秘という概念は、無知を覆い隠すマントではなく、知っていることを知的な日常の言葉に翻訳するのが不可能であることを認めるものである。それゆえ私は、この段階で内的体験となる元型が、「神の子」の誕生であり、あるいは神秘主義の言葉を借りれば、内なる人間の誕生である、と言うだけで満足しておこう。[74]

こうしてユングは、この小さなホムンクルスの出現を、神の子すなわち内なる人間の誕生を表していると捉えています。そしてそれは体の死から生まれ、人間存在の具体的レベルの死を意味していて、それはつまり、私がすでに仄めかした神秘的融即のレベルの死を意味します。

絵7に現れているもう一つの新しい存在は雲であり、これは非常に重要です。雲は超個人的な実体の、大昔からある象徴的イメージの一つです。つまり、いかにヌミノースが顕れるかを示しています。思い出していただくために二、三の例を挙げてみましょう。例えば、古代において、ゼウスは雲の上に座っていると表現されました。荒野を放浪中、ヤハウェはイスラエル人のために、昼間は行く手を導く雲の柱で、夜には火の柱で彼らを先導しました。ヤハウェは、シナイ山の雲の中、モーゼのところへやって来ました。次のように書かれています。

73 Plato, *Phaedo*, 67c-68b, in *The Collected Dialogues*. 〔『パイドン』岩田靖夫訳、岩波書店、一九六七年、pp.38-39〕

74 *Practice of Psychotherapy*, CW 16, par. 482. 〔『転移の心理学』林道義訳、みすず書房、一九九四年、p.137〕

雲の中で神に祈る錬金術師
(バルシューゼン、『化学の元素』1718年)

雲が山を覆い、ヤハウェの栄光はシナイ山にとどまった。六日間、雲が山を覆い、七日目になってヤハウェは雲の中からモーゼに呼びかけた。[75]

ソロモン神殿が完成した時、それは、まさに文字通りにヤハウェの住処であることが意味されました。契約の箱はその中に置かれ「雲がヤハウェの神殿を満たした」[76]。そこでヤハウェは雲の中の神殿に入り、自分のものにしました。なぜなら、それは彼の住処だったからです。

受胎告知の時、雲はマリアに影を投げかけました。つまり、「聖霊があなたに降り、いと高き方の力があなたを覆う」[77]。そしてキリストの変容の時、つまり「輝く雲が彼らを影で覆い、雲の中から声がした」[78]。

ヨハネの黙示録において、キリストの到来は次のように述べられています。

そして私は見た、白い雲を見つめ、雲の上に人の子のような者が座っており、頭には金の冠を被り、手には鋭い鎌を持っていた。[79]

さて、雲がヌミノースの表現であるということを示すにはこれで十分でしょう。錬金術のテクストの中に、錬金術師が実験室の中で祈ったり、床にひざまずいたりしている絵がありますが、雲の

75 Exod. 24: 16, Jerusalem Bible.
76 1 Kings 8: 10, Jerusalem Bible.
77 Luke 1: 35, Authorized Version.
78 Matt. 17: 5, Jerusalem Bible.
79 Rev. 14: 14, Authorized Version.

中の神は実験の進め方を彼に教えています。

これらはすべて、死の体験に続いてここで初めて出現した、雲の意味に関連する連想です。それは独特のものです。というのも、自我の死は神の顕現に不可欠な前兆だからです。ご覧のように、これは年霊の死と再生の連鎖と同じです。[80]

絵8　雲から滴るギデオンの露の雫

さて、ホムンクルスは雲の中に消え、雲はそのままあり、一体になった死体は石板の上に乗せられたままです。新たな特徴は、雲から露が落ち始めたことです。前の絵では、下方から上方への、死体から雲への動きが起こっていました。今は、露が降下する逆の動き、つまり上方から下方への動きが始まったのです。これは、深い心理学的な意味合いを持つ非常に重要なイメージです。

絵8に添えられたテクストはこれをギデオンの露と呼んでいますが、それについて少し話しておかねばなりません。時に、夢は絶対的に明白なことを言うことがあります。私が言っているのは、非常に特殊な神話的モチーフを述べているような夢のことです。それらは特に重要なのです。なぜならそれらは夢見手に「ごらん、これがあなたの生きている神話ですよ」とはっきりと語りかけているからです。

さて、これらの錬金術のテクストも夢の記録と同じで、ここにあるものも同じことをしています。つまり、それはただ露が雲から落ちているのではなく、ギデオンの露が雲から落ちている、と言っているのです。それゆえこれは、この実験を行っている錬金術師に「お前はギデオンの神話を生きているのだ」と告げているのでしょう。ですから、その神話のところに行って、それがどのようなものなのか見てみましょう。

ギデオンの神話は士師記第6章にあります。歴史においてこの時代、イスラエルは外国人勢力であるミデアン人に占領されていました。そしてミデアン人は自分たちの宗教を押し付け、占領していることを見せしめるために自分たちの神に生け贄を捧げました。その状況の中で、ヤハウェはギデオンと呼ばれる若者を訪ねてきました。そこで主は次のように言われます。

あなたの父の太った子牛を連れてきなさい。そしてあなたの父の持っているバールの祭壇（占領軍によって備えられた異教の神の祭壇）を打ちこわし、その側にある聖なる柱を切り倒しなさい。そして、慎重にヤハウェの祭壇を建てなさい。そして太った子牛を取り、「ヤハウェへの」生け贄としてそれを焼きなさい。[81]

80　本書六〇 - 六一ページ参照。

PHILOSOPHORVM

ABLVTIO VEL
Mundificatio

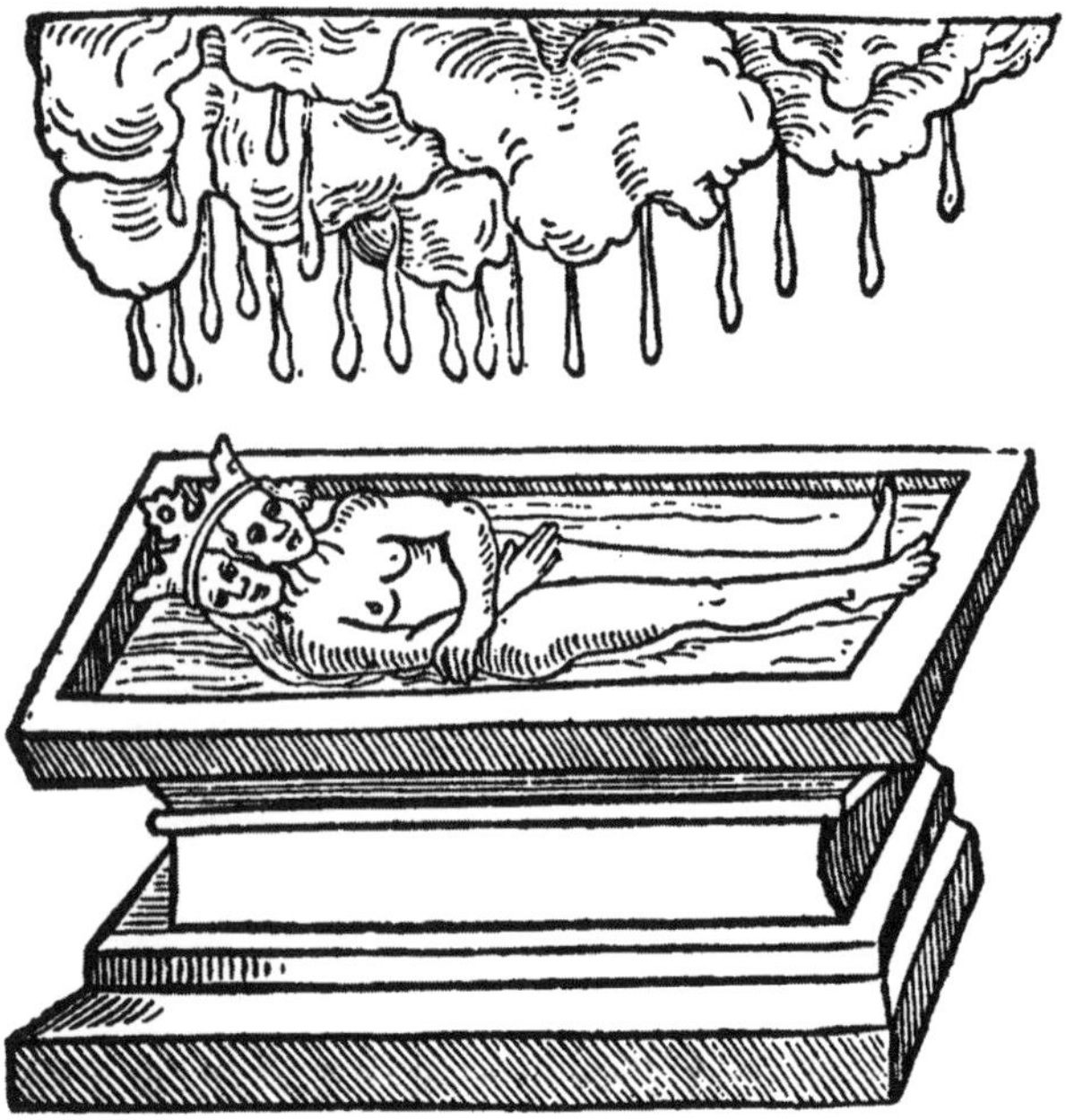

Hie felt der Tauw von Himmel herab/
Vnnd wascht den schwartzen leyb im grab ab.

K iij

絵８　雲から滴るギデオンの露の雫
ここに天の露が降り注ぎ、清める／
墓の中の汚れた黒い体を。

ギデオンは言われた通りのことを行いました。私はこれについてすべてをお話しするつもりはありません。肝心の部分に至るには少し長いからです。[82] いずれにせよ、そのようなことをするのはかなり危険で、ギデオンは捕らえられそうになりました。しかしそれだけではありませんでした。ギデオンは何とか逃げましたが、ヤハウェの霊が再びやってきて、軍隊を集めて反乱を起こすよう命じました。それが、主がギデオンに命じられたことでした。それは非常に危険なことであったため、ギデオンは言われたことを実行に移すのは気が進みませんでした。その古い時代に、ギデオンにできたことは神へのわずかな抗議でした。ギデオンはこう言いました。

主が言われたように、私の手でイスラエルを救うおつもりならば、私は脱穀場に羊毛を広げますので、もし露が羊毛の上にだけあって、大地全体は渇いたままならば、これによって、主が言われたように、私の手でイスラエルを救おうとしておられるのだと承知します。[83]

81 Judges 6: 25, Jerusalem Bible.
82 以下を参照。Edinger, *The Bible and the Psyche: Individuation Symbolism in the Old Testament*, pp. 69ff.
83 Judges 6: 36-38, Jerusalem Bible。以下も参照。Edinger, *Bible and the Psyche*, p. 71

この物語を心に留めながら、ユングは、ギデオンの露の絵は「神の介入の兆候であり、湿気が魂の帰還を予告している」と述べています。[84]

質問：ギデオンの露は運命であるといってもいいのでしょうか？

はい、そうです。それは共時性なのです。

質問：雨と露とはどのように違うのですか？

私の思うに、夢の中では、かなり似ていることもあります。それらはともに降下するものですが、露はより神秘的な性質を持っています。露は落ちて来るものですが、その姿は不思議なものです。〔露は〕いったいどこから来るのでしょうか？　そのことが、特に無意識に作用して露に神秘的な性質を与えるところなのだと思います。雨もまた天上の湿気ではありますが、露と同じニュアンスを持っていないことは明白です。

コメント：露は一種の神の出現のようなものなのです。詩のように現れるのです。

私はメルヴィルの『白鯨』の研究をする中で、露に関するこのようなイメージの例に出会いました。この本は、心理的に考えると多くの点で恐ろしい本であるといえ、その本の著者のことが本当に心配になります。一人の人間が実際にこの経験を経たかと思うと、私は本当に不安になりました。そして、メルヴィルの人生の最期に現れたある素材に行き着いて、大きな安堵感を覚えました。その素材は、彼が本当にあの圧倒されるような経験を統合したということを示していました。その一つの証拠は詩でした。ここにその最後の節があります。

私の傷は癒され　私は冷酷な海を称賛する
そう、そこに集う四人の天使を祝福する
癒されたので　彼らの無情な溜め息からも
ローズマリンという名の健全な露を抽出した[85]

84　"Psychology of the Transference," *Practice of Psychotherapy*, CW 16, par. 487.〔『転移の心理学』林道義訳、みすず書房、一九九四年、p.143〕

ローズマリンは文字通り「海の露」という意味で、メルヴィルにとってこの露が、癒しのイメージの一つであったことが分かるでしょう。これは、絵6と7に表されている死、絶望、希望のなさの後に続くものを示しています。

みなさんの励みになると思いますので、しばしば私自身もやるのですが、この露のイメージを使って、ユングがそれについて述べていることを、あのイメージの総覧、『結合の神秘』の中から見てみましょう。これを見ていると、とりわけ次のようなところが見つかります。

古代の伝統において、ルナは湿気を与えるものであり、水宮蟹座の支配者であった。…マイヤーは、太陽の影umbra solisは、太陽が蟹座に入らなければ滅ぼされないが、蟹座は「ルナの住処であり、ルナは湿気の世界（汁、樹液など）の支配者である」と言う。…ラーナーはその著書『ルナの神秘』の中で、教父が神の恩寵の働きを説明するのに、月の露の寓話を広く用いたということを示している。…ここでも教父神学の象徴体系は、錬金術の寓話に非常に大きな影響を与えた。ルナは、生命の露や生命の汁を発する。「これなるルナは、メルクリウスの中に秘め隠されている生命の汁である」。…月には一つの原理があり…クリスティアノスはそれを「哲学者のイコルichor［神々の体内を流れる霊液］」と呼んでいる。古代に強調されていた月と魂との関係は、錬金術の中にも出てくる。…普通月から露が生じると言われているが、月は、体から魂を抜き取るか、体に生命や魂を与えたりもする驚異の水aqua mirificaでもある。メルクリウスとともにルナは、ばらばらに切断された龍に湿気を注ぎ、蘇生させる。「生かし、走らせ、歩きまわらせる…」。浄化の水として露は天より落ちて来て、体を清め、魂を受け入れる準備をする。つまりそれは、白化《アルベド》、白い無垢の状態を引き起こし、それは月のごとく、新婦が新郎を待つようなものである。[86]

私たちが話していたことと直接関連があるのがわかるでしょう。露は降下し、死体を清め、復活させる。錬金術の用語ではこのプロセスの段階を純化mundificatio——あるいは、浄化purificationと呼びます。魂が体から分離したのを覚えておられるでしょう。今、その分離した状態で体は浄化のプロセスを体験するのです。体を、心理学的な実体を表わすものとして、象徴的に捉えるべきであることも覚えておいていただきたいのです。具体的な文字通りの体ではないのです。ここでの体はむしろ自我のことを言って

85 "Pebbles," in *Herman Melville, Collected Poems*, p. 206.
86 *Mysterium*, CW 14, par. 155.〔『結合の神秘I』池田紘一訳、人文書院、一九九五年、pp.172-3〕

います。自我は心《サイキ》の体であると言ってもよいかもしれません。そのため今起こっていることは、上から落ちてくる神聖なる露によって、死んだ自我を清めることなのです。それは、無意識による汚染から自我を清めるということについて述べているのです。ユングがそのことに言及している箇所を読んでみたいと思います。

　無意識から自我を分離するプロセスは、*mundificatio*（純化）［これは先ほど話していたことで、浄化という意味です］に相当する。そして、魂が再び体に戻るのに必要な条件が純化であるとするならば、無意識が自我意識に破壊的な作用を及ぼさないために体もまた必要である。パーソナリティに境界を与えてくれるのは体だからである。無意識を統合することが可能であるのは、自我が自らの足場をきちんと固守している時だけである。したがって、錬金術師がcorpus mundum、すなわち、浄化された体を、魂と合一させようとする努力は、かつて無意識による汚染状態から自我を解き放つのに成功した心理学者の努力でもある。…［それは］普通の自我パーソナリティを、肥大したあらゆる無意識的なものとの混合状態から分離すること［を通してなされる］。この仕事は、非常に骨の折れる自省と自己教育とを必要とするが、自ら鍛錬して成し遂げた人は他の人に伝えていくことができる。…［それは］容易な仕事ではない。烈しく燃える炉の中で余分なものから体を浄化せねばならぬ錬金術師の粘り強さと忍耐力を必要とする。[87]

自我の浄化のもう一つの側面は、無意識による混合状態からの浄化だけではなく、「永遠の人(eternal man)」による混合状態からの分離と浄化でもあります。ユングは、その前の段落でそのことについて言及しています。

理性的な人間は、この世界で生きるために「自分自身」と「永遠の人eternal man」とでも呼べるようなものとを分離させなければならない。彼は唯一無二の個ではあるけれども、種としての「人間」でもあり、集合的無意識の動きすべてと関わっている。…「永遠の」真理は、それが唯一無二の自我を抑圧し犠牲にして生きると、危険な障害となる。[88]

ユングが述べているのは、浄化のプロセスは、自我が永遠の人に汚染されたままにならないように、自我－自己同一化を解かなければならないということです。ユングは永遠の人と関わりを持ち

87 "Psychology of the Transference," *Practice of Psychotherapy*, CW 16, par. 503.〔『転移の心理学』林道義訳、みすず書房、pp.158-159〕
88 Ibid., par. 502〔同、p.157〕

作業中の錬金術師
（『沈黙の書』、1702 年）

ましたが、それと同一化はしていません。これはきわめて重要な違いです。

質問：それらのプロセスを、外界に向けないようにする一般的な試みがあるように見えます。それにもかかわらず、それらの多くは外界に向けられた形で起こるように見えます。象徴的な次元を増やすような方法はあるのでしょうか？

そうですね、まず、あらゆることが外的に生じるのを見ることになります。心《サイキ》はすべて外界に基づいています。そこに、錬金術師は心《サイキ》を見出しましたし、部族社会ではさらにそうでした。始めはすべて外界にある。というのは、外的なものと無意識のものとは実際は同じものだからです。無意識のものは何でも外在化されるか、あるいは少なくとも投影によって外在化に利用されます。そのため、私たちは世界を絶え間なく経験しながら外在化された心《サイキ》の断片を集めています——これが投影の引き戻しです。そして私たちは、それがポジティヴであろうとネガティヴであろうと、自分の反応によってそれらがどこにあるのかを見出します。ある反応を引き起こすものに出会う時はいつでも、私たち自身の心の断片が外のそこにあるということを意味しています。そのため、私たちは袋を持ってそれらを集め歩いているのです。少なくとも、私はそのように考えています。

質問：永遠の人とは正確には何なのでしょうか？

自己です。私は、未知のものによって未知のものを定義しようとしています。

質問：それは神ではないのですか？

そうですね、そのように言うこともできるでしょう。

絵9　魂と体の再合一

ここも同じ構図です。石板の上の合一した死体、上方には雲、そして今ホムンクルスは戻りつつ

PHILOSOPHORVM

ANIMÆ IVBILATIO SEV
Ortus ſeu Sublimatio.

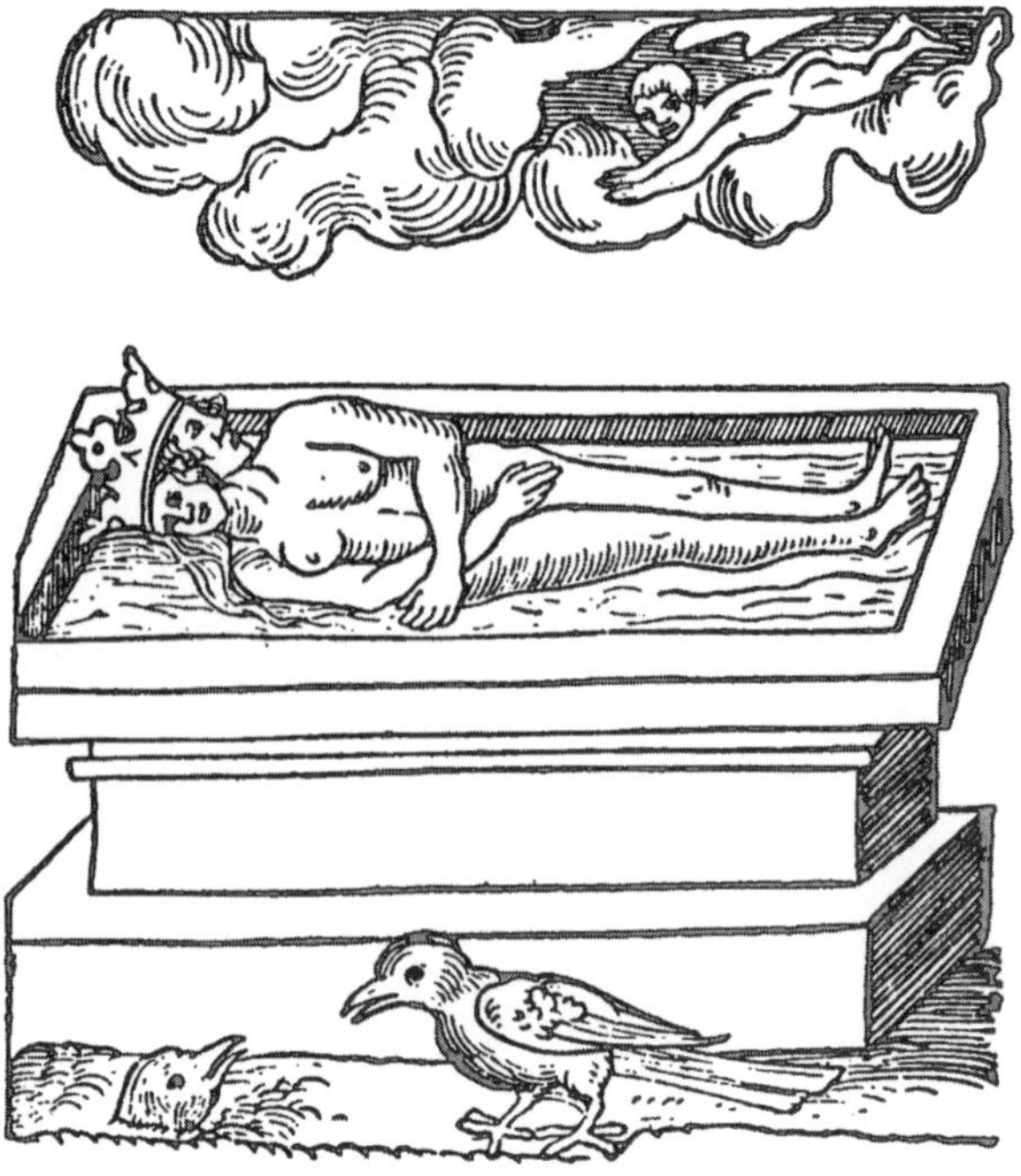

Hie ſchwingt ſich die ſele hernidder/
Vnd erquickt den gereinigten leychnam wider.

L iij

絵9　魂と体の再合一
高みから降りてきた魂がここにある。／
私たちが浄化しようとした死体に生気を与える。

あります。体が浄化されたので戻っても大丈夫だろうということです。そして下の方には二羽の鳥がいます。一羽は地面の上に立ち、もう一羽は首まで地中に埋もれています。

ユングによると、二羽の鳥は、一方は羽の生えそろった成鳥であり、もう一方はまだ飛べない幼鳥であるということです。これは、上方で起こっていることと同じ出来事の下方ヴァージョンであると思います。降りつつあるホムンクルスが死体を見ているまさしくその見方で、一羽の鳥はもう一羽を見ています。そのため地中に埋まった鳥は死体に相当し、その埋もれた状態から生まれ出そうとしており、それはちょうど死体が復活しようとしているのと同じであると言いたいのです。

前にも述べましたが、この絵は、結合の第二段階を表わしたものです。心的合一 Unio mentalis が、今や分離した体と再び一つになろうとしているのです。みなさんの中には、この出来事を示したウィリアム・ブレイクの素晴らしい挿絵をご存知の方もおられるかもしれません（一四九頁参照）。

ユングの言うところでは、絵9に添えられている『薔薇園』のテクストは、有名な錬金術師、モリエヌスの言葉「灰を侮るなかれ、汝の心臓の王冠なればなり」を引用したものです。[89] そしてユングは次のように述べています。

89 Ibid., par. 495.〔同、p.148〕

焼却による死んだ産物としてのこの灰は、死体のことを指している。この警告は、この体を、興味深いことに、当時魂の真の在り処とみなされていた心臓と関係づけている。王冠は、もちろん王の主たる装身具である。……

戴冠の絵がこのテクストのために挿絵として描かれていることから、浄化された死体の復活が同時に賛美を意味していること分かる。なぜならこのプロセスはマリアの戴冠に喩えられているからである。[90]

『薔薇園』において、絵9と類似していると一緒に載せられている絵は、処女マリアの戴冠式の絵です（一四五頁参照）。これは非常に一般的な中世のイメージであり、『薔薇園』を編集した人は明らかに、マリアの戴冠をこの絵と類似のものであると考えていました。

さて、その類似性は一見したところでは明らかではありません。そのつながりを見るには、夢のイメージに作業を施さなくてはならないように、少し作業をしなければなりません。しかし、そうすると、隠された部分を暴いていくようなことになります。なぜなら、このテクストが述べているように——あなたは忘れておられるかもしれませんし、私自身もいつも忘れるのですが——、これらの絵は錬金術のレトルトの中で生じている化学的なプロセスを描いているのです。私はそのことをほとんど忘れてしまっていました。しかしテクストを読みながら思い出したのですが、煆焼

処女マリアの戴冠
(『哲学者の薔薇園』、1550 年)

「白色薄土に金を撒け」
（ミヒャエル・マイアー、『逃げるアタランタ』、1618 年）

calcinatioを被った灰は石板の上に横たわっているこの死体です。テクストがそう言っているからです。それは殺され、容器の底にある死んで動かないもの以外は何もないのです。

灰という最終産物には、かなり興味深い象徴的な連想があります。それは、錬金術師が「白色薄土」と呼んでいるものに相当し、それは浄化された土、浄化された体に相当します。そして、灰の普通の連想――絶望、悲嘆、空虚――にもかかわらず、別の一連の連想では最高の価値を持つものとなります。地上に存在する目標全体を表しているのです。

例えばつい先ほど引用したところを思い出してください。「灰を侮るなかれ、汝の心臓の王冠となればなり」。他のテクストは「白色薄土は勝利の王冠である」と述べています。[91]また別のテクストは「白色薄土に金を撒け」と述べています。[92]灰は、厳しい試練の全プロセスを経た、腐敗することのない栄光体という特徴を獲得し、そこに残るのは、最高の価値なのです。同じような象徴が、聖書の一節にも現れています。例えばイザヤは、シオンの悲しむ者に「灰にかえて王冠を、悲しみにかえて喜びの油を、そして憂いの心にかえて賛美の衣」を与える約束をしました。[93]

それらは、絵10に現れる腐敗しない栄光体の復活の前兆を示しています。そして分離した魂が浄化された体に戻るプロセスは戴冠です。つまり、体は、魂が帰還することで最高の価値と重要性の象徴が授けられます。この出来事は、大地、物質、そして体を表わすマリアの昇天、戴冠式と象徴的には全く同じものなのです。

そのためマリアは、錬金術の容器の底にある灰と同じように清められた白土を表わしているので

90 Ibid., pars. 495-496.〔同、p.150〕
91 以下で引用されている。*Mysterium Coniunctionis*, CW 14, par. 318, note 619.〔『結合の神秘Ⅰ』池田紘一訳、人文書院、一九九五年、p.463、註602〕
92 Michael Maier, *Atalanta Fugiens*.〔『逃げるアタランタ 近世寓意錬金術変奏譜』大橋喜之訳、八坂書房、二〇二一年〕
93 Isa. 61: 3, Douay Bible.

す。自我の性質は取り戻され、賞賛されるのです。

質問：絵7から9まで行くのを待っている間、絵9までは体は魂を受け入れる準備ができていないのですが、魂はどこにいるのですか？　私たちが待っている間、魂は死体の中で変容しているのですか？

私にはわかりません。私はそれらの用語であなたの質問に答えることはできません。これらの象徴的なイメージには、あまり正確にアプローチすることはできないことを覚えておかなくてはなりません。それらは滑りやすいものなのです。それらをあまりにきちんと固定しようとすると、私たちの掌からつるりと滑り落ちてしまいます。ですから、ある程度の曖昧さを許容しなければなりません。曖昧さに慣れなければなりません。さもないとそれらはただ飛んでいってしまいます。

質問：しかし臨床経験においては、それもまた神秘的な期間ではないのですか？　そしてもしそのプロセスが起こっていても、夢の中にはっきりと現れないのであれば、起こっていることを意識するのは困難でしょう。

魂と体の再合一
（キャロライン・キー、『ウィリアム・ブレイク：版画作品選集』より）

はい、後半の五枚の絵は、本当にかなり神秘的なので、それらに対しての私の見方はまったく仮のものとして受け取られるべきものです。

絵10　合一した永遠の体の復活

王と女王が結合した、合一した体は、今は生きて大地の上の月の上でまっすぐに立っています。右手には足付きのグラスを持っており、その中には三匹の蛇、あるいは三つの頭を持つ蛇が入っており、それぞれに王冠が被せられています。そして左腕から左手にかけて巻きついているのは四匹目の蛇であり、これにも同じように王冠が被せられています。絵の左側、大地からはユングが「太陽と月の木」と呼んだ木が育っています。[94] この絵（絵10、一五二ページ）を見ただけではははっきりしませんが、他の錬金術の挿絵（一五一ページ）を見ると、はっきりとそこに太陽と月が示されています。そしてもう一方には、一羽の鳥がいます。前の絵には二羽の鳥がいましたが、ここでは一羽になっています。

さて、それらすべては何を意味しているのでしょう？　ここで、私は曖昧になり始め、象徴を用いて話さなければなりません。このイメージに関わることを網羅するのは、私たちの力を大きく超えています。私たちにできるのは、せいぜいそのヒントを得ることぐらいでしょう。

合一した体、および、太陽と月の木
（J.D. ミュリウス、『改修哲学書』、1622 年）

まずこれは、結合の第三段階の絵です。第三段階とは、合一した体－魂－精神、浄化され合一した体－魂－精神が、一なる世界unus mundusと合一することでした。それは一種の宇宙的な合一であり、ここでは、その人物が月の上に立ち、太陽と月が樹木の実として表現されているという事実がそのことを仄めかしています。宇宙全体が、いわば一つの有機的なプロセスである、という考えです。時に、その事実を一瞥することはあるでしょう。しかしながらそれを一瞥しても、また消

94 "Psychology of the Transference," *Practice of Psychotherapy*, CW 16, par. 533.〔『転移の心理学』林道義訳、みすず書房、一九九四年、p.188〕

PHILOSOPHORVM.

Hie ist geboren die eddele Keyserin reich/
Die meister nennen sie ihrer dochter gleich.
Die vermeret sich/gebiert kinder ohn zal/
Sein vndötlich rein/vnnd ohn alles mahl.

Die

絵 10　合一した永遠の体の復活
ここに高貴にして富裕な女帝が生まれた／
哲学者たちは彼女を娘と呼ぶ。
彼女は成長し／数えきれないほどの子どもを産んだ。
彼らはこの上なく純粋で、少しの汚れもない。

えてしまい、日々の生活に戻っていってしまうのです。太陽と月の木が暗示しているのはそういうことだろうと思います。

最初の頃に描かれていた人物は太陽と月の両方の上に立っていましたが、この絵に描かれている人物は、月の上に立っています。これは、合一した永遠の体の基礎となるものは自我であるという事実を指していると思います。さて、なぜ私はそのようなことを言うのでしょうか？　なぜなら、太陽と月という対立物は、天と地を暗に意味するものだからです。互いを比較すると、太陽は天を意味し、月は地を意味します。なぜなら月は古代において第一の惑星と考えられており、その球体の下にあるもの――月下のものすべてが、地球に属すると考えられていたからです。心理学的に言えば、地球は自我と関係があるでしょう。つまり象徴的に言えば、自我は月の庇護の下にいるのです。月は、自我が惑星へと旅に出る時に最初に出会う出入口です。[95] 太陽との関係ではそうなりますが、というのも、この人物が月に立っているということは、その成り立ちにおいて、その立脚点として、自我的なもの、身体的なものをもっていると告げているように思うからです。

あの鳥についてはこれ以上言うつもりはありません。それがそこで何をしているのかは分かりません。ただ、そこには一羽しかいないので、もしかしたら絵9にいた二羽の鳥は、――ちょうど

95　以下を参照。Edinger, *The Mysterium Lectures*, p. 101

〔王と女王の〕体が一つになったように——〔鳥の方も〕一つになったのかもしれません。しかし、それについては私はわかりません。

他に私が触れておきたいのは、蛇です。ご覧のようにもう一度ここには3と1のイメージ、あるいは3と4のイメージがあります。三匹の蛇は容器の中におり、もう一匹は容器の外にいます。しかしすべての蛇は王冠を被っています。そして絵1に戻ると、この絵以外で蛇が出てくるのは絵1だけですが、そこに王冠はありませんでした。このことが示しているのは、爬虫類の心《サイキ》の変容だと思います。

ご存知のように私たちの存在の基盤はそういう性質のもので、爬虫類のようなものといえます。予期せぬ時にそれが出てきて、ちょうどガラガラ蛇のように自分自身や他者に一撃を加えるのです。それゆえ、絵10の蛇が王冠を被っているという事実と、三匹の蛇が容器の中に入っているということから、ここに至った結合の全プロセスは、変容を被った意識と生き生きとした結びつきをもつようになると、そこに爬虫類の心も入ってくるということを意味していると私は受け取ります。そしてそれは、別の象徴的な言葉を用いるならば——神の変容に相当するものであると思います。それは、基本的には同じ心理学的観念です。[96]

質問：それらの翼は蛇の後ろにあるのでしょうか？

はっきりと見ることはできませんが、翼は合一した体に付いています。両方とも、腕から翼が伸びていますが、左側の翼はあまりうまく再生されていません。蛇に翼がついているのではなく、腕に翼がついています。これは翼のある生き物で、昇華によって生じたということを示しています。そんな感じです。

質問：昇華について話していただけませんか？

昇華は下から上への動きです。それは化学的な出来事で、ある物質を熱すると――水銀はこの顕著な例なのですが――、気化し、それから容器の冷却部分で凝固あるいは結晶化します。これを昇華ないしはsublimatioと言います。[97]『薔薇園』には、絵10と類似した他の絵も含まれています。それは哲学者の息子Filius

96 以下を参照。Edinger, *The Creation of Consciousness*, chap. 4.
97 以下を参照。Edinger, *Anatomy*, chap. 5, "Sublimatio."〔『心の解剖学』第五章「昇華」、岸本寛史・山愛美訳、新曜社、二〇〇四年〕

philosophorum のシンボルとして、墓から起き上がるキリストを表したものです（次頁参照）。これはキリストと石の並行性を示す一例で、ユングが『心理学と錬金術』の中で詳細に論じています[98]。

私は、このイメージと絵10のイメージを次のように理解しています。つまりこれらの絵は、心的物質について述べたものであり、非時間的なものである、あるいは永遠の次元、ある種の純潔なものである心的物質について述べたものであると。それは、個性化のプロセスを体験した自我の産物の表現なのです。これは、必然的に、仮説的なものとならざるを得ません。なぜならそれは確固とした、反駁できないような方法で証明することはできないものだからです。しかし非常に多くのイメージがこの考えを指摘しており、このようにはっきりと言語化しても害があるとは思いません。そうすれば、それを心に抱くことができ、どのように感じるかを見ることができ、それをはっきりと言語化したら無意識がどのように反応するのかを見ることができます。

もしこの一〇枚の絵のシリーズに表現されているような人生を送るなら、あるいは錬金術に表現されているような人生を送るなら、その人はある産物を生み出す、と考えられます。そしてその産物は、生きたものであり、優れており、時間的な存在を超えた存在なのです。心《サイキ》が空間や時間を超えるという指摘は多くあります。――個人の心が空間や時間を超えるかどうかはわかりませんが、心《サイキ》が空間や時間を超えるということは知っています。そして自我の努力の産物が、空間と時間を超えるかもしれないと信じるだけの理由があります。それらが非個人的な特徴を獲得した限りにおい

哲学者の息子の象徴としての復活したキリスト
（『哲学者の薔薇園』、1550 年）

て、厳密にいえば、そのような超越をするのは個人の心《サイキ》ではなく、それは自我の作業《オプス》の結果として現われたものです。

絵10の絵に添えられている詩を読んで、このレクチャーを終えたいと思います。そこではこの合一した永遠の体が自身のことを描写しています。まずこの全体の雰囲気を味わっていただくために、詩全体を読んでみましょう。それからいくつかの行に戻り、意味が明らかになるようにいくつかのコメントをしましょう。そうすることで、初めにこの詩を聞いた時よりも、より良く理解できるようになるでしょう。

これがその詩です。

ここに高貴にして富裕な女帝が生まれた、
哲学者たちは彼女を娘と呼ぶ。
彼女は成長し、数えきれないほどの子どもを産んだ。
彼らはこの上なく純粋で、少しの汚れもない。
女王は死と貧困を嫌う、
彼女は大小の金、銀、宝石に、そしてあらゆる大小の薬に優れている。
地上のいかなるものも彼女と並ぶものはいない。

そのことをわれわれは天国の神に感謝する。

それから、彼女はこう言います。

ああ、強い力によって私は無垢の女になる、
私が初めて始めた時
それほど私の最初の体は呪われていた。
そして私はまだ母親になったことがない、
私が再び生まれるまでは。
そこで私は根と薬草の力を手に入れた、
そして私はあらゆる病に打ち勝った。
私が私の息子を初めて知ったのはその時であった、
そして息子と一つになった。
そこで私は息子の子を身ごもった、

98 CW 12, chap. 5.〔『心理学と錬金術II』池田紘一・鎌田道生訳、人文書院、一九七六／二〇一七年〕

そして不毛の大地の上に産み落とした。
私は母となったが処女のままである、
そしてそれは私の本性として確立された。
それゆえ私の息子は私の父でもあった、
神が基本的に仕組まれたように。
私は私に命を与えてくれた母を産んだ
私を通して母はこの世に生まれた。
自然が結びつけたものを一つであるとみなすこと、
それを山々は見事に呑み込んでいる。
四が一になる、
われわれの威厳に満ちた石の中で。
そして三つ組として考えるなら六が、
本質的なあり方である一へともたらされる。
このことを正しく考慮できるものには、
神によって力が与えられる、
金属と人間の体を蝕む、

あらゆる病を容易に追い払う力が。
神のご加護なくしてそれをなし得る者はいない、
その時彼は自分自身を透し見ることができる。
私の大地から一つの泉が湧き出る、
そこから二本の川が流れ出る、
一方は東へと流れ行き、
もう一方は西方へと流れ行く。
二羽の鷲が羽を焦がしながら飛び立ち、
そして裸のまま大地に落下する。
しかしふたたび羽を得て飛び去る、
その泉は太陽と月の君主である。
ああ、主イエス・キリストよ、あなたこそは恵みを与えられたお方、
聖霊の恩寵を通して恵みを与える。
彼こそが真の恵みを与える者。
その者は師匠の言葉をよく理解する。
彼が来るべき生活について考える時、

その時まさに体と魂は一つになる。
それらは父の王国へと昇るが、
その術は地上にとどまる。[99]

これは賢者の石を記述したものです。私が少し前に概説しようとしたのも、永遠の意識的な体の記述です。さて、いくつかの言葉について、それらがどのように心理的に当てはまるか見てみましょう。

哲学者たちは彼女を娘と呼ぶ。

しばしば、哲学者は、つまり錬金術師は、彼らの石を（それは絵10に示された合一した永遠の体です）息子と呼びますが、その意味は同じです。ここでは、娘という方がより適切に見えますね。なぜなら月の上に立っているからです。

彼女は成長し、数えきれないほどの子どもを産んだ。

これは増殖についての言及であり、賢者の石の驚くべきかつ重要な様相です。[100] いったん賢者の石が作られると、自己複製していく力を持っているという考え方です。非常に細かい粉になった賢者の石を少し取り、基礎となる物質にそれを投げれば、その粒子に触れたものはすべて、より多くの賢者の石へと変化するでしょう。それ自体が増殖するのです。私は、これは心理学的に非常に重要な象徴であると思います。このことは、個人が自己との関係を達成するのにある程度まで成功すると、常にその達成は伝染する、他人に影響を及ぼす、つまり増殖するという傾向を持つということを告げています。もちろん、増殖が効果を現わすためには、それを受け取ることに開かれているものに会わなければなりませんが、いつも起こっているのを目にします。

彼らはこの上なく純粋で、少しの汚れもない。

これは、永遠の体が、無意識によって汚染されないことを意味している、と私は理解しています。

99 "Psychology of the Transference," *Practice of Psychotherapy*, CW 16, par. 528.〔『転移の心理学』林道義訳、みすず書房、一九九四年、pp.179-182〕
100 以下を参照。Edinger, *Anatomy*, pp. 227-228.〔『心の解剖学』岸本寛史・山愛美訳、新曜社、二〇〇四年、pp. 265-6〕

心理学の用語において、純粋の象徴が意味しているのは、私たちは自分が汚れているのを意識しているということであり、私たちが汚れていないということではありませんが、それを意識しているがゆえに、浄化された汚れなのです。そしてこれは重要なことです。

彼女は大小の…そしてあらゆる大小の薬に優れている。

これは癒す力、つまり全体的なものにする能力を指しています。

そして私はあらゆる病に打ち勝った。

これは、賢者の石の同義語の一つ、「万能薬」――すべてを治療するもの――に相当します。それでは、これは心理学的にはどのような意味があるでしょうか。自己との接触が病気に対する免疫になるという意味でないことは確かです。むしろ、病気を含めて人生における変化は、自己との関係において体験されると意味深いものになり、それゆえ、全体性の体験を促進する、ということを意味していると思います。それらは解離を生じません。したがって、病気や死に対して免疫ができるというわけではなくて、そんなことはまったくあり得ませんが、そのような体験は意味のある全体性の一部であり、病気の最中にも、いわば癒されるということなのです。

私が私の息子を初めて知ったのはその時であった、
そして息子と一つになった。
そこで私は息子の子を身ごもった、
……
それゆえ私の息子は私の父となった、

これは注目すべき部分であり、私は心理学的に、自我と自己の関係について言及していると理解します。まず初めに自己は自我を生み――無意識の自己は自我を生み――、それからある期間、そこは意識の主要な領地となります。その時もし自我が、無意識との関係を真剣に追及して『薔薇園』の絵が表すような一連の成長があれば、無意識の息子である自我は、再生、あるいは生まれ変わった自己の両親となるのです。これは心理学的な近親相姦であり、タブーとされた主題です。フロイトは近親相姦の元型を発見しましたが、それを単に個人的なものとして理解しました。ユングはそこに個人を超えたレベルがあることを発見しました。[101] 賢者の石は近親相姦の産物、つまり具体的なレベルでは罪であり、内面の心理学的レベルでは聖なる神秘なのです。

賢者の石について、「私の息子は私の父でもあった」というのは、奇妙な言い回しですが、このように考えるとその意味が理解できます。それは、作業を成功するためには自我が決定的に重要であることを強調していて、これは、西洋の心《サイキ》に特有の錬金術的企てすべての著しい特徴の一つです。錬金術師が、作業とは適切な宗教的態度を持ちながら、Deo concedent、すなわち神の意図を、ひたすら受け継ぐものであると主張している場合であっても、作業が自ずから生じるものであることを疑っているわけではありません。にもかかわらず、それには錬金術師、つまり自我が必要なのです。そして、実際これらのうち何人かの錬金術師たちは、終生そのプロセスに仕え献身した非常に意義深い手本です。それゆえ、そのプロセスの産物は、錬金術師の息子や娘と呼ばれる資格を与えられたのです。

神のご加護なくしてそれをなし得る者はいない、
その時彼は自分自身を透し見ることができる。

これら二行はかなり印象的で、明らかに心理学的です。この気難しい著者にとっても、自己認識が作業の本質的要素であったことは全くもって明らかでした。

二羽の鷲がその羽を焦がしながら飛び立ち、
そして裸のまま大地に落下する。

二羽の鷲は「羽を焦がしながら」飛び立ち、大地に落ち、フェニックスのように再び舞い上がるのは、昇華と凝固の組み合わせのイメージです。そしてそれは、この一連の絵で生じていることです。絵2、3、4において下降する鳩は、凝固、つまり地上の存在へと下降し、具現化する、魂の実体の一つのイメージです。[102] それに続く、絵7における上昇するホムンクルスは、上方へのイメージ、昇華の動きであり、その後に絵8、9における別の下降が続きます。こうして全ては循環circulatioの表現であり、徐々に対立物を一つにする、存在のあらゆる局面で繰り返される循環なのです。[103]

この深遠な詩の最後の言葉は次のとおりです。

101 特に以下を参照。*Symbols of Transformation*, CW 5.〔『変容の象徴』（上・下）野村美紀子訳、ちくま学芸文庫、一九八五年／一九九二年〕（索引の「近親相姦」を参照）
102 以下を参照。Edinger, *Anatomy*, chap. 4.〔『心の解剖学』第四章「凝固」、岸本寛史・山愛美訳、新曜社、二〇〇四年〕
103 Ibid., pp. 142ff.〔同、pp.169-〕

作業中の錬金術師
（『沈黙の書』、1702年）

彼こそが真の恵みを与える者。
その者は師匠の言葉をよく理解する。
彼が来るべき生活について考える時、
その時まさに体と魂は一つになる。
それらは父の王国へと昇るが、
その術は地上にとどまる。

錬金術師に馴染み深かった教会のイメージを用いると、これは永遠の体の創造の表現と理解できます。「来るべき生活についての考え」は永遠なるもの、非時間的なものの次元を指しており、「父の王国に〔努力の成果を〕挙げること」は同様に、自我の人生の結果を元型的次元へと変換することを示しています。

私が思うに、このプロセスを通して生きて来た人の人生の成果は、ある種の元型の宝庫〔／金庫〕に預けられ、それに対する利益をもらうことになるようです。父の王国は、その際、いわば、自我の錬金術的な努力、つまり個性化のプロセスによって増強されます。
そしてその課題は、私たち一人一人のものであると信じます。

文献

Atwood, M.A. *Hermetic Philosophy and Alchemy.* 1850. Reprint. New York: The Julian Press, 1960.

Bartlett's Familiar Quotations. New York: Little, Brown, 1980.

The Belles Heures of Jean, Duke of Berry. New York: Georges Braziller, 1974.

Edinger, Edward F. *Anatomy of the Psyche: Alchemical Symbolism in Psychotherapy.* La Salle, IL: Open Court, 1985.〔『心の解剖学』岸本寛史・山愛美訳、新曜社、二〇〇四年〕

——. *The Bible and the Psyche: Individuation Symbolism in the Old Testament.* Toronto: Inner City Books, 1986.

——. *The Christian Archetype: A Jungian Commentary on the Life of Christ.* Toronto: Inner City Books, 1987.〔『キリスト元型』岸本寛史・山愛美訳、青土社、二〇二一年〕

——. *The Creation of Consciousness: Jung's Myth for Modern Man.* Toronto: Inner City Books, 1984.

——. *Encounter with the Self: A Jungian Commentary on William Blake's Illustrations of the Book of Job.* Toronto: Inner City Books, 1986.

——. *Goethe's Faust: Notes for a Jungian Commentary.* Toronto: Inner City Books, 1990.

——. *Melville's Moby Dick: A Jungian Commentary (An American Nekyia).* New York: New Directions, 1978.

——. *The Mysterium Lectures: A Journey Through C.G. Jung's Mysterium Coniunctionis.* Toronto: Inner City Books, 1995.

——. *Transformation of the God Image: An Elucidation of Jung's Answer to Job.* Toronto: Inner City Books, 1992.

Emerson, Ralph Waldo. *Selected Writings of Ralph Waldo Emerson.* Ed. Brooks Atkinson. New York: Modern Library, 1940.

Hannah, Barbara. *Jung, His Life and Work: A Biographical Memoir.* New York: G.P. Putnam's Sons, 1976.〔『評伝ユング——その生涯と業績1』『同2』後藤佳珠・鳥山平三訳、人文書院、一九八七年〕

Jung, C.G. *C.G. Jung Speaking: Interviews and Encounters* (Bollingen Series XCVII). Ed. Wm. McGuire, R.F.C. Hull. Princeton: Princeton University Press, 1977.

____. *The Collected Works of C.G. Jung* (Bollingen Series XX). 20 vols. Trans. R.F.C. Hull. Ed. H. Read, M. Fordham, G. Adler, Wm. McGuire. Princeton: Princeton University Press, 1953-1979.

〔『心理学と錬金術Ⅰ』池田紘一・鎌田道生訳、人文書院、一九七六年／二〇一七年〕

〔『心理学と錬金術Ⅱ』池田紘一・鎌田道生訳、人文書院、一九七六年／二〇一七年〕

〔『変容の象徴』（上・下）野村美紀子訳、ちくま学芸文庫、一九八五年／一九九二年〕

〔『ヨブへの答え』林道義訳、みすず書房、一九八八年〕

〔『アイオーン』野田倬訳、人文書院、一九九〇年〕

〔『転移の心理学』林道義訳、みすず書房、一九九四年〕

〔『結合の神秘Ⅰ』池田紘一訳、人文書院、一九九五年〕

〔『元型論』林道義訳、紀伊国屋書店、一九九九年〕

〔『結合の神秘Ⅱ』池田紘一訳、人文書院、二〇〇〇年〕

〔『哲学の木』老松克博監訳、創元社、二〇〇九年〕

____. *Letters* (Bollingen Series XCV). 2 vols. Trans. R.F.C. Hull. Ed. G. Adler, A. Jaffé. Princeton: Princeton University Press, 1973.

____. *Man and His Symbols*. London: Aldus Books, 1964.〔『人間と象徴——無意識の世界』上下、河合隼雄監訳、河出書房新社、一九七五年〕

____. *Memories, Dreams, Reflections*. Ed. Aniela Jaffé. New York: Random House, 1963.〔『ユング自伝1』河合隼雄・藤縄昭・出井淑子訳、みすず書房、一九七二年、『ユング自伝2』同、一九七三年〕

____. *The Visions Seminars*. 2 vols. Zürich: Spring Publications, 1976.〔『ヴィジョン・セミナー』氏原寛・老松克博監訳、創

元社、二〇一一年〕
Keay, Caroline. *William Blake: Selected Engravings*. New York: St. Martin's Press, 1975.
Klossowski de Rola, Stanislas. *Alchemy: The Secret Art*. London: Thames and Hudson, 1973〔『錬金術――精神変容の秘術（新版イメージの博物誌）』種村季弘・松本夏樹訳、平凡社、二〇一三年〕
The Lives of the Alchemistical Philosophers. London: John M. Watkins, 1955.
Maier, Michael. *Atalanta Fugiens*, 1618. Pamphlet reprint. Berkeley, n.d.〔『逃げるアタランタ 近世寓意錬金術変奏譜』大橋喜之訳、八坂書房、二〇一二年〕
Melville, Herman. *Herman Melville, Collected Poems*. Ed. Howard P. Vincent. Chicago: Packard and Co., Hendricks House, 1947.
Michelangelo. *The Sonnets of Michelangelo*. Trans. Elizabeth Jennings. Garden City, NY: Doubleday, 1970.
Morris' Human Anatomy. Ed. J. Parsons Schaeffer. 10th ed. Philadelphia: The Blakiston Co., 1943.
Murray, Gilbert. "Excursus on the Ritual Forms Preserved in Greek Tragedy." In *Epilelogomena to the Study of Greek Religion and Themis*. Ed. Jane Ellen Harrison. New Hyde Park, NY: University Books, 1962.
Neumann, Erich, *The Origins and History of Consciousness* (Bollingen Series XLII). Trans. R.F.C. Hull. Princeton: Princeton University Press, 1970.〔『意識の起源史』改訂新装版、林道義訳、紀伊國屋書店、二〇〇六年〕
Nietzsche, Friedrich. *Beyond Good and Evil*. Trans. Walter Kaufmann. New York: Random House, 1966.〔『善悪の彼岸』中山元訳、光文社、二〇〇九年〕
Paracelsus. *The Hermetic and Alchemical Writings of Paracelsus*. Trans. and ed. A.E. Waite. New Hyde Park, NY: University Books, 1967.
Perera, Sylvia Brinton. *The Scapegoat Complex: Toward a Mythology of Shadow and Guilt*. Toronto: Inner City Books, 1986.
Plato. Phaedo. In *The Collected Dialogues*. Ed. Edith Hamilton and Huntington Cairns: New York: Pantheon, 1961.〔『パイド

ン――魂の不死について』岩田靖夫訳、岩波文庫、一九九八年〕
Waite, A.E., trans. *The Hermetic Museum.* York Beach, ME: Samuel Weiser, Inc., 1991.

訳者あとがき

本書はEdward Edingerの*“The Mysterry of the Coniunctio: Alchemical Image of Individuation”*(Inner City Books, 1994)の全訳である。エディンジャーの邦訳としては、『心の解剖学』(新曜社)、『ユングの『アイオーン』を読む』『キリスト元型』(以上、青土社)に続く四冊目となる。

エディンジャーはユングの著書を丁寧に読み込むことに定評があるが、本書も中世の錬金術の書物『哲学者の薔薇園』を心理学の観点から読み解いたユングの『転移の心理学』を読み解いたものである。ユングと同じことを繰り返しても仕方がないので、と断って、エディンジャーは独自の視点から『哲学者の薔薇園』を読み解いている。この読み解きが実に示唆に富んでいる。

『転移の心理学』はもともと、ユングの心理学の極致ともいえる『結合の神秘』と同一の企画の一部で、あまりに分量が大きくなるため独立した書物として刊行された。そのため、第一部では『結合の神秘』について述べられている。あとがきから読まれる読者も多いと思うので、本書に関心を持っていただくため、私たちが強烈なインパクトを受けた言葉をここで紹介しておきたい。ユングはある女性から、一生に一度だけでいいから会いたいという手紙を受け取り、会うことにした。その女性は、小学校も出ていないようだったが、ユングに「私の本を読んで下さっているとのことですが、本当に理解しておられるのですか」と尋ねられて、こう答えたという。「教授、先生の本は本ではありません。それはパンです」。（本書七ページ）

エディンジャーはこれを次のように増幅している。「敬虔なユダヤ教徒にとって、トーラーはパンです。信仰あるキリスト教徒にとって、福音書はパンです。信心深いイスラム教徒にとって、コーランはパンです」（九ページ）。エディンジャーにとって、ユングの『結合の神秘』も『転移の心理学』も、これらの聖典と同じく「元型の宝庫」であり、「心にとってのパン」なのだ。

もう一つの受け止め方として、『結合の神秘』を心の解剖学を示すものとして理解することを提案している。そして、『結合の神秘』の冒頭をモリスの『人体解剖学』のテキストの一節と比較しているのだが、これはなかなか適切な例えだと思う（一〇－一三ページ）。解剖学のテキストを読んでも、解剖の経験がないと、そこに書かれていることを本当に理解することはできない。それと同じように、ユングのことを十分に理解するためには、心の解剖室に行かねばならない、つまり、個人分析の経験が必要だというわけだ。しかし、本書を読めば、たとえ個人分析の経験がなくてもユングが書いていることについて、何かを掴むことができると思う、とエディンジャーは述べている。それは、ユングの著書が心のパンであり、多くの人にユングの考えを媒介し伝えたいという思いがあるからだろう。私たちも本書から、そしてすでに訳書が出ている彼の著書から多くを学んだ。エディンジャーは優れた翻訳家だと言える。

もう一つ、興味をそそられたのは、ユングの著作の中で、ユングに直接分析を受けたらこのようであっただろうと思われる箇所を指摘しているところである（三〇一三二ページ）。詳しくは本文を読んでいただきたいが、ユングの著作を読むのにどのような準備が必要かがわかる。そして、同時に、ユングが錬金術の文献をどのように理解しようとしていたのかを、我々にもわかるように説明してくれている。

『哲学者の薔薇園』をユングとは異なる観点から読み解いた第二部は、臨床実践という面でも豊かな示唆を含んでいて、現代の心理療法家にも大いに有用であろう。訳者の一人（岸本）は、臓器移植の心理学的側面を理解する上で、『哲学者の薔薇園』の一連の図を参考にした（「臓器移植の心理学的側面について」心理臨床学研究第一六巻二号、一〇五―一一六、一九九八年、『がんと心理療法』誠信書房、一九九九年）が、その際、本書が大いに助けになった。現代医療のあり方を考えるうえでも一石を投じている。

もう一人の訳者（山）は、村上春樹の創作方法と彼の小説の中に、心理療法で行われていることとの類似性を感じ、関心を持ってきた。長編『騎士団長殺し 第1部・第2部』（新潮社、二〇一七年出版）における、主人公の肖像画家と描かれる者との間の関係に興味を持った。詳細は省くが、両者の間の会話で、肖像画を描いてもらうことは「お互いの一部を交換し合うということ」、「私は私の何かを差し出し、あなたはあなたの何かを差し出す（こと）」という件がある。この点に関して、私（山）は拙著『村上春樹、方法としての小説――記憶の古層から』（新曜社、二〇一九年出版）の中で以下のように論じた。

描く者と描かれる者がともに心の深みまで下降し、そこで何かを共有しながら作品を作り上げる。性的な関係が具体的な体の結合であるのに対して、このような関係は、目に見えないイメージレベルでの結合あるいは融合であると言えるであろう。完成した作品がどうこう言うよりも、このような過程で生じることが危険にもなり得るのだ。なぜなら、これは相手の一部を生身の自分の中に取り入れることでもあるのだから。（一二四頁）

このような関係のありようの中にも、本書との関連が見えるように思うのだが、如何であろうか。

この翻訳の原稿は、まず岸本と山が分担して下訳を行い、その後それぞれが全文を検討し、二〇〇五年には完成していた。本書が、長い年月を経て、世界中で様々な種類の「対立」が問題になっている今、日の目を見ることになったことに深い意味を感じる。本書の企画を実現してくださった青土社の篠原一平さんには心から感謝を申し上げたい。自分自身について、心理療法におけるクライエントとの関係について、そして集団――周囲の小さな集団から国単位、あるいは地球規模の集団まである――の中で生じていることについて考えながら本書を読むと、身の引き締まる思いがする。エディンジャーのレクチャーには、いつも、歴史における長い時間のスパンの視野が広がっているのが感じられる。

二〇二三年八月一三日

岸本寛史・山 愛美

索引

ユング心理学と錬金術
個性化の錬金術的イメージを探る

著　者　エドワード・エディンジャー
訳　者　岸本寛史・山愛美

2023年 9 月20日　第一刷印刷
2023年10月12日　第一刷発行

発行者　清水一人
発行所　青土社

〒101-0051　東京都千代田区神田神保町1-29　市瀬ビル
［電話］03-3291-9831（編集）　03-3294-7829（営業）
［振替］00190-7-192955

印刷・製本　シナノ印刷
装丁　大倉真一郎

ISBN978-4-7917-7589-7　Printed in Japan